36 faces of cities

KB035010

SNOWFOX

지은이

양쯔바오 楊子葆

1963년에 화롄에서 출생했다. 프랑스 국립고등교량도로학교에서 교통공학 박사를 취득했으며, 파리교통공단RATP에서 연구 개발 엔지니어로 일했다. 타이완으로 귀국한 후에는 신주시 부시장, 국제협력발전기금회 사무총장, 중화민국 주프랑스 대표, 외교부 정무차관, 푸런대학 객좌교수, 중화항공사 부사장 등을 역임했다. 현재는 문화부 정무차관으로 재직 중이다. 저서로는『보이지 않는 파리看不見的巴黎』『지하철 공공 예술과 퍼즐捷運公共藝術拼圖』『세계적으로 유명한 지하철 건축물世界經典捷運建築』『공공시설물과 도시 미학街道家具與城市美學』『포도주 문화와 코드葡萄酒文化密碼』『포도주 문화와 상상葡萄酒文化想像』『살짝 취한 후, 미뢰 사이微醺之後. 味蕾之間』등이 있다.

옮긴이

이영주

서울외국어대학원대학교 통역번역대학원 한중 국제통역학 석사를 졸업했다. 현재 번역 에이전시 ㈜엔터스코리아에서 출판기획 및 전문 번역가로 활동하고 있다. 주요 역서로는『리더십과 동기부여』『비행, 예술을 꿈꾸다』『내 영혼 독소배출법(공역)』등이 있다.

디자인
강희연

도시의 36가지 표정

도시의 36가지 표정
36 FACES OF CITIES

양쯔바오 지음 | 이영주 옮김

SNOWFOX

"우리는 고작 도시에 거주하고, 그 속에서 느긋하게 걸고 관람하는 것만으로 몸담고 있는 도시를 서술한다."

— 롤랑 바르트

contents

제1부 도시가 주는 첫인상

제2부 도시 역사의 단서들

제3부 도시 문화의 축소판

제4부 교통의 도시화

제5부 도시와 사람이 빚은 예술

제6부 역사의 주제가 되어 다시 살아나는 것들

제7부 도시에 상상력의 날개를 달아 주다

제8부 문화 타르트

제1부

도시가
주는 첫인상

01 DRINKING FOUNTAIN
영원히 마르지 않는 샘물

도시의 발전사를 거슬러 올라가 보면, 민생과 밀접한 관계에 있는 우물과 분수는 도시 속 공공장소에 등장한 최초의 공공시설물임을 알 수 있다. 우물과 분수는 대개 지도층이 국민에게 하사한 선물이었다. 공공 수도시설이 완비되지 않았던 시대에 우물과 분수는 도시민에게 필요한 깨끗한 물을 항시 제공해 주는 시설이었다. 나그네도 이곳에서는 공짜로 목을 축이고 여행의 먼지를 씻어 낼 수 있었다.

우물과 분수는 필수적인 공공시설물이었을 뿐만 아니라 초기 도시 활동의 중심이 되었다. 그리스 시대의 '아고라'가 바로 우물과 분수를 중심으로 형성된 도시의 광장이었다. 사람들은 이곳에서 집회를 열고 토론했으며, 교류하고 각종 정보를 나누고 그룹을 형성했다. 이처럼 사람이 모이는 공공 생활의 중심지는 거래와 무역이 이뤄지는 시장으로 변모하기도 했다.

앞서 언급한 아고라를 중심으로 자연스레 발생한 공공 활동은 공유, 교환, 동질감, 신뢰라는 정신이 발현된 것이라 할 수 있다. 그런 이유로 현대에 사는 우리는 아고라를 시민 정신의 초석이라고 여긴다. 서양의 대철학자 아리스토텔레스가 말한 것처럼 아고라 같은 장소가 있고 없음에 따라 도시 문명의 발전 혹은 야만적인 상태 유지로 갈렸음을 이해할 수 있다. 그렇다면 의미를 확장해 도시의 공공 수원水源이 도시 문화의 기점이 되었다고 생각해 볼 수 있지 않을까?

『성경』에 등장하는 예수님이 갈릴리아 지역으로 가는 도중에 있었던 일을 예로 들어 보자. 수가라는 마을에 이르렀을 때 예수님은 목이 말라 도시의 공용 우물인 야곱의 우물에서 물을 긷는 사마리아 여인에게 마실 물을 달라고 한다. 이때 예수님은 답례로 이곳 사람들에게 영원히 갈증을 느끼지 않게 해 줄 영생의 샘물을 주겠노라 약속한다. 그렇다면 이 영생의 샘물은 어디에 있을까? 어쩌면 신화이거나 상징에 불과해, 정말로 영생의 샘물이 있는 곳을 아는 사람은 없을 것이다. 그저 이 일화를 통해 우리는 '영생의 샘물'을 갈구하듯 물을 쉬지 않고 섭취해야 한다는 것만은 알 수 있다.

물이 사람에게 얼마나 중요한지는 과학자들의 간략한 설명에도 잘 드러난다. 우선, 물은 생명의 원천으로 인체의 약 70퍼센트를 구성하고 있으며, 신체의 각종 동작과 순환에 영향을 미친다. 따라서 인체의 거의 모든 화학작용은 물이 있어야만 온전히 이뤄질 수 있다. 소화기 계통에서 분비되는 소화 효소가 당분과 단백질을 분해할 때도 물이 필요하다. 신진대사로 발생하는 노폐물 역시

물이 있어야 비로소 몸 밖으로 배출된다. 한편 물이 없으면 사람은 사흘 이내에 사망에 이를 수도 있다. 음식을 섭취하지 않아도 일정 시간을 버틸 수 있는 것과는 대조적이다.

그러니 깨끗한 물이 흐르지 않는 도시에서는 당장 생명을 연명하기 위해서라도 반드시 수원을 마련해야 했다. 하지만 아무리 상수도가 보급되었어도 이곳저곳을 바삐 다니는 입장이라면 음용수를 구하기는 쉽지 않았다. 그래서 과거 중국 민간 사회에서는 이동 중에 음용수 수요를 충족시키기 위한 시설이 있었다. 바로 역참驛站, 도두渡頭다. 도시의 교통 결절지에 등장한 휴게소로 사람들은 이곳에서 잠시 발을 쉬며 공짜 봉차奉茶를 즐겼다. '차를 따라 손님에게 권하다'라는 의미를 지닌 봉차가 고유명사가 된 이유다.

서양에서는 정부 당국이나 자산가가 만든 음용수대를 자주 볼 수 있다. 19세기 영국의 유명 자선사업가 리처드 월리스 경Sir Richard Wallace이 프랑스 파리에 설치한 음용수대가 그 대표적인 예다. 이 음용수대는 1870년대에 프랑스 건축가 샤를 오귀스트 르보르Charles-Auguste Lebourg에 의해 공짜로 물을 공급하고 더위를 식힐 목적으로 설치되었다. 인애, 간결, 자선, 성실을 의미하는 네 여신으로 장식된 어두운 청록색의 주철 재질의 이 음용수대는 간결하면서도 아름다운 조형미를 지니고 있다. 프랑스에서는 외국인 자선가가 베푼 선의와 우의를 기념하기 위해 월리스 분수라고 부르고 있다. 또한 파리 시는 월리스 분수 설립을 공공 건설의 중요한 전통으로 삼았다. 그 결과 월리스 분수는 파리의 중요 상징물 중 하나가 되었으며, 현재는 파리 곳곳에서 새로 설치된 19세기 풍의 월리스 분수를 볼 수 있다. 여기에서는 보기만 해도 갈증이 풀리는 물이 콸콸 흐르고 있다.

파리뿐만 아니라 유럽의 유구한 역사를 지닌 거의 모든 도시에서 공용 음용수대의 흔적을 찾아볼 수 있다. 이러한 공용 음용수대는 곳곳에 분포되어 있으며 조형미도 뛰어나다. 그래서 옛날과 다름없이 지금도 그 자체만으로도 훌륭한 공공 예술 작품의 기능까지 더하고 있다.

영국의 유명 자선사업가 리처드 월리스 경이 19세기에 프랑스 파리에 설치한 월리스 분수.
네 여신은 인애, 간결, 자선 성실을 상징한다.

다시 말해 해갈로 육체적인 고통을 없애 주고 있을 뿐 아니라 예술적 감흥이라는 정신적인 즐거움도 선사해 주고 있는 것이다. 이탈리아 베네치아 어느 길모퉁이에 불뚝 솟아 있던 주철 재질의 음용수대는 물이 마르지 않을 것처럼 물이 콸콸 흐르고 있었다. 이미 동네 꼬마들에게는 삶의 일부로 자연스레 자리 잡고 있었다. 포르투갈 리스본에서 만난 아라비아풍이 짙은 음용수대는 이 도시가 역사적으로 동양과 서양을 연결하는 교차점이었음을 보여 주고 있었다. 스위스 취리히에서 만난 음용수대는 단아하고 중후한 데다 섬세함까지 지니고 있었다. 오스트리아 빈에서 만난 음용수대는 단순히 음용수대만 놓여 있을 뿐인데도 절로 감탄을 자아낼 정도로 아름다웠다.

(상) 이탈리아 베네치아의 어느 길모퉁이에 있던 음용수대.
물이 마르지 않을 것처럼 콸콸 흘렀다.
(하) 스위스 취리히에 있는 음용수대.
의미를 알 수 없는 조각이 단아하고 중후하며 섬세한 느낌을 가지게 한다.

오스트리아 빈에 있는 음용수대.
독자적인 멋과 역사를 엿볼 수 있었다.

물은 스코페에서 가장 달콤하고 맑은 물입니다!'라고 도도하게 뽐내는 것처럼 보였다.

자연의 생기를 잃은 시멘트 숲을 마주하고 있으면 지금 우리가 살고 있는 도시에는 공용 음용수대와 분수가 당연히 있어야 한다는 생각이 든다. 음용수대와 분수로 우리가 진정 얻으려는 것은 목을 축여 줄 깨끗한 물에만 국한되어 있지 않다. 마음과 정신의 정화, 공공의 예술 설치물, 도시의 상징물, 더 나아가 시민 정신과 가치가 여전히 살아 있음을 대표해 줄 영원히 마르지 않는 샘물의 의미도 포함하고 있다.

(상) 포르투갈 리스본에 있는 음용수대. 동서양을 연결하는 교차점이었음을 보여 주고 있었다.
(하) 마케도니아 수도 스코페에 있는 음용수대.
카페 직원이 직접 유리병을 놓아 물이 탁자 위로 쏟아지도록 만들었다.

02 URBAN BENCH
도시의 풍경을 바꾸는 벤치

도시의 크기와 인구 규모는 도시에서의 이동 난이도와 밀접한 연관이 있다. 미국의 도시사학자 제임스 트레필James Trefil이 내린 연구 결과를 보면 더 잘 이해할 수 있다.

제임스 트레필은 1994년 흥미로운 비교 연구 결과를 발표했다. 1819년 영국 런던의 인구는 대략 80만 명이었고, 이 당시 도심에서 도시 외곽까지의 반경은 3마일을 ─ 1마일은 약 1.6킬로미터다 ─ 넘지 않았다. 이 거리는 런던 시민이 직장, 학교, 장을 보러 갈 때 충분히 걸어서 갈 수 있는 거리로, 소요 시간은 45분이 넘지 않는다. 1993년이 되면서 런던 인구는 800만 명, 도시 반경은 40마일까지 늘어난다. 그런데도 일반적으로 런던 시민이 직접 차를 몰거나 지하철을 타고 주요 목적지까지 가는 데 드는 시간은 여전히 45분 정도다.

이런 사실을 기반으로 제임스 트레필은 "사람이 도시 안에서 이동할 때 인내할 수 있는 소요 시간은 옛날이나 지금이나 변함이 없다"고 추론했다. 제임스 트레필의 45분 원칙이라는 맥락에서 살펴보면, 교통수단이 혁명적이고 비약적인 발전을 거두면 도시의 규모 역시 동등한 비율로 확장된다. 또한 거의 모든 국제적인 대도시는 자가용 도시로 변할 것이다. 자가용이라는 고효율의 이동 수단에 기대야만 지나치게 확장된 도시에서 자유롭게 이동할 수 있기 때문이다.

자가용 도시로의 변화는 도시가 발전하면서 그 누구도 피해 갈 수 없는 숙명처럼 보이기까지 하다. 하지만 제임스 트레필도 간과한 부분이 있다. 바로 효율이 세상을 바꾸자 자가용이 도시의 정의를 거칠게 다시 써 내려갔다는 점이다.

자가용은 일종의 캡슐형 교통 도구로, 차에 탄 승객들은 자동차에 폭 싸인 채 여행이나 이동을 하게 된다. 따라서 차로 이동할 때, 사람은 도시와 상호작용을 할 수 없다. 그러므로 일단 자가용이 도시를 좌지우지하다 보면 도시의 어떠한 특징은 말살될 수밖에 없다. 가장 두드러진 예가 미국의 자동차 도시인 로스앤젤레스다. 로스앤젤레스의 거주자는 거의 모두가 차를 몬다. 그래서 도시의 3분의 1과 도심의 3분의 2에 이르는 공간이 모두 차도와 주차장이다. 미국 지리학자 케네스 에워트 볼딩은 이런 형태의 로스앤젤레스에 대해 "자동차에 의해 창조되었지만 자동차에 의해 파괴되어 가고 있는 곳, 도시라는 단어의 고전적 의미로 절대 도시가 아닌 곳"이라고 평론했다. 네덜란드의 교통운수학자 루돌프 드 용Rudolf de Jong 역시 모두가 차를 모는 현상을 겨냥해 "로스앤젤레스에서는 두 사람이 우연히 마주치는 기회조차 얻기 힘들다. 이 도시는 사실 거대한 변두리 지역일 뿐이어서 도심이란 것이 없다"고 지적했다.

다행히 로스앤젤레스를 제외한 전 세계 대부분의 도시에서는 아직까지 자가용으로 인한 현상이 심각한 편은 아니다. 여전히 많은 도시민은 도시 안에서 느긋하게 거닐고 싶어 한다. 도시 내부에 행인 전용 구역을 구획하는 행정 관리자도 점차 많아지고 있다. 그 덕분에 도시 안에서 걸어 다닐 수 있는 공간과 기회가 더 많이 창출되고 있으며, 시민과 시민, 사람과 도시환경 간에 더 많은 상호작용이 이뤄져 도시가 점차 생기를 되찾아가고 있다.

도시 공용 벤치의 수량과 품질은 시민의 보행 욕구에 직접적인 영향을 미친다. 또한 도시의 분위기에도 간접적으로 영향을 미친다. 유럽의 많은 도시에는 그들만의 색이 잘 드러나는 디자인의 공용 벤치가 있다. 파리의 경우 녹색의 나무 의자에 철 재질을 결합시킨 질박한 벤치가 있었다. 이 디자인은 파리의 다른 공공시설물과 통일성을 유지하고 있다. 네덜란드 암스테르담에 놓여 있는 공용 벤치는 현대적인 느낌이 물씬 풍겼다. 게다가 나무껍질을 덧붙인 디자인이어서 따스한 느낌도 가미되어 있었다. 스페인 마드리드에서 본, 쇠로 만든 공용 벤치는 매우 아름답고 섬세하게 제작된 듯한 모양새였다. 마치 섬세한 예술 작품을 보고 있는 듯한 기분이 들었다. 오스트레일리아 애들레이드 거리의 정거장에서 찍은 공용 벤치도 앉아 있는 사람 모양의 조형물과 어우러져 거의 공공 예술품에 가까웠다. 타이완 타이베이 시의 둔화教化 남로南路에 조성된 녹지대에는 예술가 쉬시우메이徐秀美가 디자인한 벤치가 있다. 각각의 색상으로 제작된 의자 여러 개가 쭉 늘어서 있는데 순식간에 사람들의 이목을 사로잡는다. 눈길이 닿는 순간 '앉아 보고 싶다'는 마음이 강하게 든다.

프랑스 파리 거리에 있는 벤치.
녹색의 나무 의자에 철 재질을 결합시켜 질박한 멋이 돋보인다.

(좌) 네덜란드 암스테르담 거리에 있는 벤치. 하늘색이 나무와 조화를 이루며 현대적인 느낌이 물씬 풍긴다.
(우) 스페인 마드리드 거리에 있는 벤치. 섬세한 예술 작품 같은 느낌을 준다.

(좌) 오스트레일리아 애들레이드 거리에 있는 공용 벤치. 사람 모양의 조형물과 어우러져 묘한 대비감을 선사한다.
(우) 타이완 타이베이 시에 있는 벤치. 예술가 쉬이우메이가 디자인했다. 독특한 디자인이 행인들로 하여금 앉아 보고 싶게 한다.

프랑스의 유명 디자이너 필립 스탁도 파리 공원에 '돌바닥 위에 흩어져 있는 비둘기 떼'라는 이름의 공용 벤치를 만들었다. 이 작품은 이미 전 세계적으로도 유명해서 벤치 디자인의 고전으로 통한다.

공공 예술은 도시를 아름답게 만든다. 하지만 그보다 더 아름다운 것이 있다. 바로 도시에서 자연스레 흘러나오는, 사람들이 보여 주는 따스한 풍경이다. 유럽에서 우연히 본 아이를 위해 의자가 되어 준 아버지의 모습, 중국 쑤저우에서 마주친 돌다리의 가장자리에 앉아 한가롭게 이야기를 나누고 있는 아주머니들. 이런 풍경은 보고만 있어도 절로 미소가 지어진다. 이렇게 푸근한 풍경 덕분에 도시는 소원하다거나 쓸쓸한 곳이라는 느낌에서 벗어날 수 있다. 그러므로 도시는 효율과 자동차뿐만 아니라 행인을 존중해야 하며, 인간 본성을 소중히 여기고 시민의 삶과 친화적인 면도 중요시해야 한다. 도시는 도시민을 위해 의자가 있어야 할 곳에 아름답고 편안한 공용 벤치를 마련해 줘야 한다!

프랑스 파리 공원에 있는 벤치.
디자이너 필립 스탁이 만들고
'돌바닥 위에 흩어져 있는 비둘기 떼'라고 이름 붙였다.

03 METRO BENCH
속도와 효율의 가치를 품은 안티 디자인

　21세기의 특징 중 하나가 바로 도시다. UN의 통계에서도 알 수 있듯이 2008년에 세계의 도시 인구 총수는 이미 시골의 인구를 넘어섰으며, 도시 인구는 되돌릴 수 없는 수준의 급속한 성장 방식으로 시골 인구수와의 격차를 벌리고 있다.

　사실 도시화는 아주 일찌감치 등장한 단어다. 학술계에서는 스페인의 건축가 일데폰스 세르다Ildefons Cerda가 1867년에 만들어 낸 단어로 보고 있다. 일데폰스 세르다는 19세기 산업혁명 이후 시골 인구가 계속해서 도시로 이주하는 장기적 추세를 설명하기 위해 도시화라는 용어를 만들어 냈다. 사람들은 대량의 시민이 도시로 밀고 들어갈 때 이들을 효율적으로 이동시키기 위해 도시 지하철도를 발명했다. 이로써 사람들은 1970년대 이후 도시화의 가장 중요한 특징으로 '교통의 지하철화'를 생각하게 되었다. 거의 모든 현대화된 대도시에는 전기를 이용해 운행하는 지하철이 건설되었기 때문이다. 이로써 속도와 효율이 엄연히 도시의 가장 중요한 가치가 되었다.

타이완의 타이베이 시에서 첩운捷運 시스템이라고 부르는 지하철 서비스로 설명하면 이렇다. 첩운 시스템의 서비스 레벨 지표를 보면, 러시아워일 때 지하철 운행 간격은 6분 이하며, 러시아워가 아닐 때는 8분 이하다. 생각하기에 따라 다르지만 6~8분은 짧은 시간이다. 선 채로 다음 차량을 기다릴 수 있는, 인내가 허락되는 시간이다. 그래서 대부분의 지하철 시스템에서는 승강장이라는 한정된 공간에 지하철 이용객의 이동 동선에 최대한 방해되지 않는 선에서 적은 수의 공용 의자를 설치해 놓는다. 이런 이유 때문에 지하철 승강장에 있는 대기 의자는 사람들의 눈에 잘 들어오지 않는다. 게다가 절대 다수의 지하철 승강장에 있는 대기 의자는 승객이 오래 앉아 있지 못하게 그리고 사람들의 이동에 방해되지 않도록 놓여 있다. 도시 운영의 속도와 효율이 지연되지 않게 하기 위해서다.

그래서인지 지하철 승강장에 있는 대기 의자는 일부러 앉아 있기 불편하게 설계된 것이 많다. 심지어는 의자를 하나씩 떼어 놓거나 각각의 사이를 벌려 연속성을 끊고 고립시켜 놓기도 했다. 노숙자들이 누워 쉬는 걸 막기 위해서, 또 그로 말미암은 관리 문제를 예방하기 위해서다.

그래서 아이러니하게도 도시 지하철 승강장 벤치의 가장 좋은 디자인은 '안티 디자인'이다.

전 세계 도시를 두루 살펴봤을 때 언급할 만한 가치가 있는, 지하철 승강장에 놓인 대기 의자는 파리에 있다. 파리 지하철 승강장에서는 강화 플라스틱으로 만들어진 유선형 곡선의 규격화된 의자를 흔하게 볼 수 있다. '달걀 껍데기 의자'라는 특별한 이름도 갖고 있다. 이름에서도 알 수 있듯 디자인 아이디어는 달걀 껍데기의 속성인 '얇음'과 '가벼움' 그리고 연약한 것을 보호하고 새 생명을 낳아 기르고 성장시키려는 '사랑'과 '견고함'에 있다. 달걀 껍데기 의자는 1970년대 파리 공공 운수국이 고속 전철용 시설물을 전면적으로 새로 디자인할 때 살아남은 작품이다. 일반적으로 이때 살아남은 작품을 머트 타입이라고 부르는데, 일설에는 당시 시설물 개보수를 맡은 총책임자 장인의 이름에서 따왔다고 한다. 달걀 껍데기 의자는 정거장에 따라 색이 다르다. 각 정거장의 실내 인테리어나 조명에 따라 색상에 변화를 줬기 때문이다. 이 의자는 청소, 수리, 관리에 매우 용이하다. 그래서 관리자와 사용자 모두에게 많은 사랑을 받고 있다.

　지금껏 만난 지하철 승강장 의자 가운데 가장 아름다운 것을 꼽으라면, 그것은 바로 내가 사는 도시에 있다. 타이베이 지하철의 중허中和 노선 타이다이위안台大醫院 역에는 세 개의 동상이 있다. 1998년 예술가 리광위李光裕가 만든 대단히 아름다운 구리 조각품으로, 시리즈로 된 공공 예술 작품이다. 작품명은 '손의 모음곡手之組曲'이며, 사람의 각종 손동작을 주제로 제작되었다. 섬세하고도 아름다울 뿐만 아니라 고즈넉하고 차분한 느낌이 있어, 시간과 다투느라 조급해져 있는 지하철 승객들의 마음을 이완시켜 준다. 이 세 개의 동상 중 하나가 '작은 공원小公園'이란 작품인데, 지하철 이용객을 위한 공용 의자다. 그리고 이것이 바로 내가 가장 아름답다고 느끼는 지하철 승강장 의자다.

넓이 110센티미터, 길이 245센티미터인 작은 공원은 두 손바닥을 위로 한 채 평평하게 쌓아 올린 상태에서 엄지손가락을 맞댄 모양을 하고 있다. 마치 정좌하고 양손을 배 앞에 가지런히 뒀을 때의 모양, 불가에서의 '법계정인'이라는 손동작과 거의 비슷하다. 평평하지 않은 올록볼록한 손바닥 면이 의자가 되도록 만들어 놓았다.

오래 앉아 있기에는 적합하지 않지만 그래도 약간의 안락함은 느낄 수 있다. 이 작품은 승강장을 이용하는 여행객에게 미니 공원에 온 것 같은 기분을 선사한다. 잠시 앉아서 휴식을 취하며 아늑함도 느껴 볼 수 있다. 마주하고 있는 두 손바닥이 마치 누군가가 자신을 돌봐 주고 있는 듯한 기분이 들게 하는 탓이다. 서먹한 도시에서는 그리고 지하철로 빠르게 이동하는 와중에는 느끼기 힘든 따스한 안도감이다.

지하철도 색다르고 의미 있는 공간이 될 수 있다. 타이베이 지하철의 '작은 공원'처럼 동상이자 공공 예술품이자 사랑받는 공공시설물이자 아름다운 지하철 승강장용 대기 의자가 있다면 말이다.

(좌) 파리 지하철의 승강장 의자 '달걀 껍데기 의자'. '얇음', '가벼움', '사랑', '견고함'을 표현하고 있다.
(우) 타이완 타이다이위안 역에 있는 '작은 공원'. 행인들로 하여금 미니 공원에 놀러 온 것 같은 기분을 선사한다.

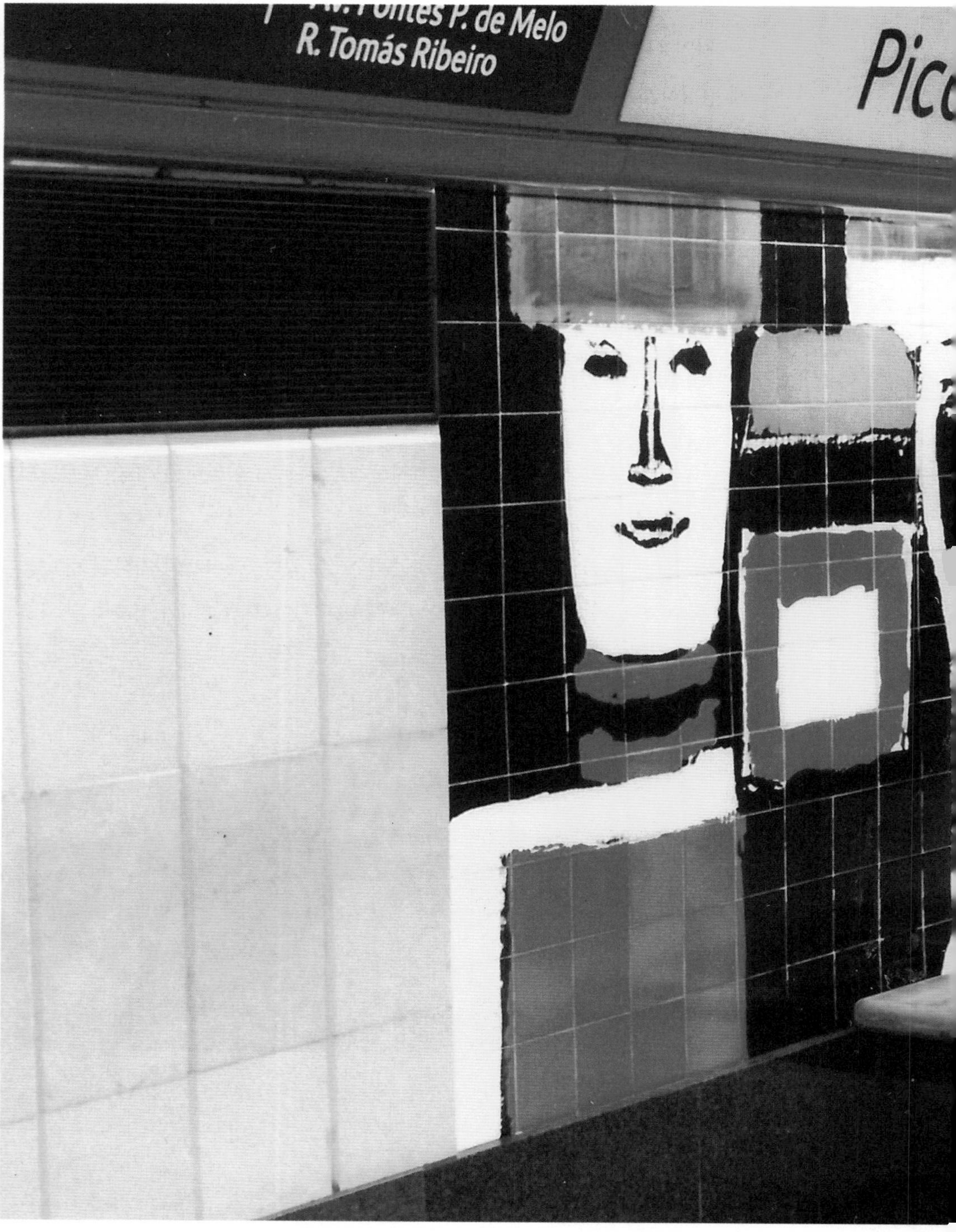
Fontes P. de Melo
R. Tomás Ribeiro

포르투갈 리스본에 있는 승강장 의자. 알록달록한 디자인이 행인의 발걸음을 사로잡는다. 이곳을 배경으로 사진을 찍는 행인이 점점 많아지고 있다.

04 CITY CLOCK

도시의 시간을 독촉하다

도시는 사람들이 모여 서로 교환을 하는 곳이다. 그러므로 공인된 규율과 측량 기준이 대단히 중요하다. 많은 사람이 관심을 두고 있는 건 돈이지만, 시골과 비교했을 때 도시에서 더 두드러지는 중요한 요소는 시간이다. 지금으로부터 1년 전이었던 것 같다. 당시 아프리카 부르키나파소의 대통령이었던 블레즈 콩파오레가 타이완을 방문했다. 그는 타이완 사람들이 시간을 세세하게 따지고 집착하는 행동을 보고는 다음과 같이 지적했다.

"우리 국민 중에는 손목시계가 없는 사람도 있습니다. 하지만 누구에게나 시간은 있습니다. 그런데 당신들은 모두 손목시계가 있는데도 시간이 없군요."

물론 이런 현상은 타이베이에만 국한된 게 아니다. 도시민들은 일찌감치 시간의 정확성에 관심을 기울였다. 초기 도시 유적에서도 시간을 계측하는 공공 설비를 보편적으로 볼 수 있다. 페루의 마추픽추에서는 돌로 만든 해시계를 볼 수 있다. 이집트 광장에서 흔히 볼 수 있는 오벨리스크도 공적을 기념하는 목적 외에 해시계의 기능이 있다.

우리 시대의 거의 모든 도시 거주자는 시간에 쫓기며 사력을 다해 나아가고 있다. 이런 현상은 어느새 일반화되어 도시 거주자라면 누구나 공감하는 일이 되었다. '시간 준수, 정각, 분초를 다투다, 시간은 금이다'와 같은 단어나 문장은 이제 더 이상 책갈피나 초등학교 교과서 또는 회사 입구에 표어로 걸어 놓을 필요가 없는 지경이 되었다. 이미 이런 문구는 도시의 동맥 속으로 깊이 침투해 현대 도시인의 집단 잠재의식 중 가장 중요한 일부로 자리 잡았다. 시계는 일찌감치 침대 머리맡, 책상, 응접실 벽 위라는 공간을 박차고 거리로 나왔다. 그리고 공공 건축물의 근엄하고도 중요한 부품 또는 엄연한 도시 안의 독특한 거리 가구가 되었다.

(좌) 페루 마추픽추의 해시계. 잉카문명의 상징으로 그림자를 이용해 계절의 변화를 감지했던 것으로 보인다. (출처: Flickr)
(우) 파리 콩코드 광장에 있는 오벨리스크. 공적을 기념하는 목적 외에 해시계의 기능도 가지고 있다.

파리 생 라자르 역에 설치된 조각 작품 '모두의 시간'.
나라마다 각기 다른 표준 시간대를 쌓아 만들어, 시간의 압박을 받는 도시민의 상황을 성공적으로 표현했다.

시계라는 사물이 도시 경관 중 어디에나 있는 존재가 되자, 온 도시에서 종종 긴장감 넘치는 분위기가 형성되었다. 길을 걷는 사람들은 고개를 숙여 손목 위의 또는 들고 있는 시계로 시간을 확인하는 것으로도 모자라 고개를 들어 건물에 달린 거대한 시계로 시간을 확인했다. 그러고는 다시 발걸음을 재촉했다. 마치 사장이 험악한 표정으로 "시간은 금이야!"라고 소리치며 화내는 모습을 머릿속에 떠올리기라도 한 듯 말이다.

이런 시간의 압박감은 프랑스의 현대 예술가 아르망이 만든 작품에도 잘 나타나 있다. 파리 생 라자르 역에 설치된 조각 작품 '모두의 시간'으로, 아르망은 각기 다른 시간을 가리키고 있는 시계를 한곳에 쌓아 놓았다. 나라마다 각기 다른 표준 시간대를 쌓아 만든 글로벌화 기념비라 할 수 있다. 또한 도시민이 하루도 빠짐없이 일과 휴식 사이에서 시간의 압박을 받는 상황을 성공적으로 표현한 것이라고도 볼 수 있다.

'시간은 금이다'라는 이 인색할 정도로 계산적인 격언은 어떻게 생겨났을까? 일설에 이 구절은 18세기 말 미국 계몽 사상가 벤자민 프랭클린의 저서 『젊은 상인에게 보내는 편지』에 최초로 등장했다고 한다.

"시간이 돈이란 사실을 명심하라. 개인은 혼자만의 노동력으로 하루에 10실링의 돈을 벌 수도 있고 해외로 여행을 갈 수도, 하루를 그저 멍하니 보낼 수도 있다. 비록 여행하거나 멍하니 있는 동안 그 사람이 고작 6펜스만 허비했다고 할지라도, 이 액수는 절대로 그의 유일한 지출이 아니다. 그 사람은 원래 벌어들일 수 있었던 돈까지도 써 버리거나 손실을 입은 것이다."

하지만 더 위로 거슬러 올라가 보면, 고대 그리스의 통 속의 철학자 디오게네스도 유사한 말을 했다. "가장 크게 지출하는 비용은 시간이다." 어떤 이는 이 구절이 그리스 연설가 안티폰이 한 말이라고 했다. 이렇듯 시간과 돈을 처음으로 연계시킨 사람이 누구인지는 정확히 검증할 방법이 없다. 그저 '시간은 금이다'라는 말이 이미 오래전부터 있던 말임을 확인할 수 있을 뿐이다.

　역사 발전이라는 관점에서 보면, 사람들이 대략적으로 측량된 시간 단위인 역법曆法과 금전을 연계시켜 생각하게 된 맥락을 추적할 수 있다. 영어로 Calendar캘린더라고 쓰는 역법은 라틴어로는 Cälendárium칼렌다리움이라고 쓴다. 이 글자는 로마인들이 일상생활에서 쓰던 단어로, 장부를 가리킨다. 로마 시대 사람들은 매달 로마 달력으로 초하루Cälendæ 또는 Kalendæ가 되면 빌린 돈에 대한 이자를 지불했다. 이에 매달 초하루가 되면 대금을 수금하는 사람이 빚을 진 사람의 집에 찾아가 이자와 원금 지불을 독촉했다. 시간이 지나면서 장부는 점차 규칙적인 생활의 의미를 담고 있는 역법과 동일한 의미로 쓰이게 되었다.

　더 정밀하게 계산된 시간 단위인 시, 분, 초는 원래 서로 느슨한 관계에 있었다. 그런데 자본주의가 주류로 들어서면서 정밀한 시간 단위와 금전이 서로 대응하는 가치를 지니게 되었다. 18세기 영국에서 제1차 산업혁명이 있은 후 '더욱 정확함', '더욱 세분화', '효율 제고'라는 광적인 열망이 서방세계를 휩쓸었다. 이와 같은 열망은 현대인의 생각에 침투해 일종의 신앙처럼 자리 잡았다.

이탈리아 시에나 만지아의 탑에 있는 시계.
광장에서 가장 눈에 띄는 위치에 놓인 시계를 통해 우리는 역설적으로
이탈리아에서 시간 개념이 얼마나 중요했는지를 알 수 있다.

(상) 영국 옥스퍼드 대학교 교정에 있는 종루.
영국은 물론이고 영어권에서 가장 오래된 옥스퍼드 대학교의 가치를 꼭 시계가 상징하는 듯하다.
(하) 프랑스 파리 제3구 퐁피두 예술 센터에 있는 '시간 수호자'.
시간을 바꾸려는 이들의 시도를 막는다는 참신한 아이디어로 이 거리의 랜드 마크가 되었다.

'정확하고 조금의 타협도 없는 신성한 표준'의 정신을 표현하기 위해 프랑스의 시계 명장 자크 모네스티에(Jacques Monestier)는 1975년에 '시간 수호자(Le Defenseur du Temps)'라는 이름의 공공 시계를 디자인했다. 높이 4미터, 무게 1톤에 달하는 이 시계는 파리 제3구 퐁피두 예술 센터 근처 작은 골목길에 설치되어 있었다. 이 독특한 공공 미술 작품의 주인공은 원구 형태의 시계와 칼과 방패를 든 해골 수호신이다. 이 밖에 낮을 상징하는 수탉, 땅을 상징하는 파충류, 바다를 상징하는 게도 등장한다. 매 시간 정각이 되면 수탉, 파충류, 게가 광풍, 지진, 쓰나미 소리를 뚫고 시계를 향해 돌진한다. 하지만 시간을 바꾸려는 이들의 시도는 충직한 수호신의 공격에 번번이 좌절되고 만다. 그야말로 깊은 의미를 내포하고 있으면서도 대단히 극적인 효과를 내는 시계라 할 수 있다. 그래서 '시간의 수호자'라는 시계는 이 거리의 랜드 마크가 되었다. 또한 1979년에는 당시 시장이었던 자크 시라크가 이 거리를 시계 구(區)로 명명하기도 했다.

'정확하고 조금의 타협도 없는 신성한 표준'이 자본주의의 중요한 가치가 된 요즘 다음과 같은 행동을 보이거나 상태가 된다면 자신은 조금도 모자람이 없는 21세기형 현대 도시민이라고 볼 수 있다. 첫째, '시간은 금이다'란 격언처럼, 금전이 곧 생활의 전부가 되었다. 둘째, 지정되고 계획된 일정에 따라 자신의 손, 발, 두뇌, 마음을 내몰고 지휘하고 있다. 셋째, 시선이 닿는 곳마다 공공 시계가 보이고, 휴대폰 알람이 수시로 경고음을 울리고 있다. 넷째, 서울 시민처럼 '빨리빨리'라는 단어를 입에 달고 산다. 들리는가! 째깍째깍 울리며 도시를 향해 서두르라고 재촉하는 시계 소리가!

05 STREET LAMP
도시의 밤을 밝히는 정겨운 증거

가로등 불빛과 도시의 이미지는 떼려야 뗄 수 없는 사이다. 도시에 가로등이 없는 것은 상상조차 할 수 없는 시대가 되었으니 말이다. 가로등 불은 도시의 밤을 밝혀 소외감과 걱정, 두려움에 떠는 타지 사람에게 온기를 더해 준다. 또한 한밤중에 귀가하는 이들을 집까지 따뜻하게 배웅해 준다. 이처럼 묵묵히 제 일을 하는 가로등 불의 가호를 받고 있노라면 종교적인 성스러움마저 느껴진다.

사실 도시 발전사에서 가로등이 출현한 계기는 종교와 깊은 관련이 있다. 서양의 초기 도시에서는 일부 기독교 신자들이 예수, 성모마리아, 천사, 성인,

성녀를 모시기 위해 담벼락, 길모퉁이, 인도에 임시 제단이나 벽감을 만들었기 때문이다. 이처럼 개인이 만든 간단한 시설물에는 신앙 숭배 목적 외에도 부가적인 공공 서비스 기능이 있었다. 바로 이곳에 신도들이 밝혀 놓은 촛불이나 등잔불이 밤길을 걷는 나그네에게 조명이 되어 줬던 것이다.

등불은 초기에 상당히 개인적인 용도로 사용했다. 대문 앞에 다는 전등이나 실내 창가에 놓는 스탠드처럼 말이다. 그런데 불빛은 누구에게나 차별 없이 그 빛을 나눠 줬고, 낯선 사람을 위해서도 어둠을 밝혀 주는 길잡이가 됨으로써 의도치 않게 공공적인 의의도 지니게 되었다. 훗날 밤중에 귀가하는 사람들을 위해 불을 밝힌 창가 스탠드나 밤마다 문 앞에 켜 둔 등불은 도시의 친근함을 보여 주는 정겨운 증거가 되었다.

(좌) 로마 거리 벽면에 있는 예수님을 모시는 작은 제단
(우) 이탈리아 피렌체 거리 모퉁이 벽에 있는 벽감과 펜던트 등불

길가 제단에 놓인 등잔, 대문 앞을 밝힌 등불, 창가의 스탠드는 공식적인 도시의 공공 조명으로까지 발전한다. 하지만 상당히 오랜 시간이 지나고 나서야 가능해졌다.

한 예로 1318년 파리 전역에 있는 공공 등잔은 겨우 세 개였다. 프랑스 왕조의 최대 전성기인 루이 14세 때에 이르러서야 거리의 등불은 치안상의 이유로 중시되기 시작했다. 1667년에는 파리 경찰국이 시내에 바람막이용 유리 갓을 씌운 등잔 6,500개를 설치했다. 1850년대에는 파리의 거리 등잔이 선진적인 가스등으로 전면 교체되었다. 1920년대에 이르자 파리는 거리의 가스등을 하나도 남기지 않고 전부 현대적인 전등으로 바꿨다. 그렇다 할지라도 외딴 길가에 있는 일부 가로등은 비록 전기로 불이 들어오기는 해도 여전히 고전적인 조형미를 간직하고 있었다. 파리 센강에 세워

(상) 프랑스 파리 센강 퐁 뇌프 다리 위에 있는 가로등. 옛것과 새것의 조화로움이 느껴진다.
(하) 마카오 쟈루미예위안환에 있는 가로등 '삼등'. 실제는 네 개지만 꼭 세 개만 있는 것 같은 착시 현상을 일으킨다.

진 현존하는 최고最古의 석조 다리 퐁 뇌프에 있는 가로등이 그 예다. 퐁 뇌프 다리에는 전등불이 들어오지만 그 외형은 가스등 모양이다. 마치 옛날 술병에 새

로 담근 술을 담아 마시는 것처럼 옛것과 새것이 조화를 이루며 21세기 파리를 밝게 비추고 있다.

어떤 도시의 가로등은 랜드 마크가 되어 있었다. 마카오 쟈루미예위안환嘉路 米耶圓環에 있는 등불이 한 예다. 원래 이 지역은 원형의 광장이면서 중요한 교통 결절지로 총 다섯 갈래의 길이 있다. 그런데 현지인들은 이 지역을 삼등지구三 燈地區라고 부른다. 가로등에 등이 세 개 있는 곳이라는 뜻인데, 광장 중심부의 가로등에는 분명 네 개의 등이 달려 있다. 세 개는 아래쪽을, 하나는 위를 향해 있다. 이러한 별명이 붙은 까닭은 보는 각도에 따른 착시 현상이다. 마치 가로등에 등이 세 개만 있는 것처럼 보이는 포인트가 있다. 이와 같은 착시 현상이 지속되다 보니 결국에는 별명으로 굳어지고 랜드 마크까지 된 것이다.

다음은 홍콩의 두델 거리에 있는 가로등이다. 아이스하우스 거리와 연결되어 있는 두델 거리에는 19세기 말에 만들어진 화강암 계단과 네 개의 가스등이 있다. 홍콩 정부가 보유하고 있는 문헌 기록에 따르면, 이 옛 가로등에 대한 최초의 기록은 1922년에 등장한다. 쌍등 로체스터식이며, 당시 식민지 개척자들이 영국에서 가져온 골동품이다. 1979년 홍콩이 주권을 되찾은 후인 8월 15일에 법정 고적古蹟으로 지정되기도 했다. 이 네 개의 가스등은 해질녘 6시부터 아침 6시까지 불이 켜지며, 자동점멸기로 작동한다. 드라마, 뮤직비디오, 영화에 이 두델 거리에 있는 대리석 계단과 가스등이 배경으로 자주 등장한다. 이 풍경은 고풍스럽고 애달픈 분위기를 자아낸다. 특히 연인이 슬프게 헤어지는 장면을 연출하는 데에 딱 들어맞는다.

홍콩 두델 거리에 있는 가로등.
고풍스럽고 애달픈 분위기를 자아내는 탓에 연인들이 헤어지는 장면 촬영지로 인기가 많다.

이 밖에도 홍콩 작가 둥챠오董橋는 자신의 저서『중국과 함께하는 꿈의 경주 跟中國的夢賽跑』에서 런던 시내에는 지금도 여전히 옛 모습을 간직한 가스등 1,400개가 남아 있다고 언급한 바 있다. 인력을 아끼기 위해 절대 다수는 홍콩 두델 거리에 있는 네 개의 가로등과 마찬가지로 시간이 되면 저절로 껐다 켜지는 자동점멸기가 부착되어 있는 반면, 런던에 위치한 영국 사법연수원 중정에 남아 있는 102개의 가스등은 여전히 노신사분이 혼자서 관리한다고 한다. 그는 날이 저물기 전 등불을 하나씩 밝혔다가 날이 밝으면 다시 하나씩 끄는데, 등불을 한 번 둘러보는 데만 한 시간 반이 걸린다고 한다. 그래서 작가 둥챠오는 다음과 같이 말했다.

"시대가 이렇게나 새로워졌는데 방법은 여전히 옛날 방식이다. 이것이야말로 런던이라는 도시를 시간이 지날수록 더욱 활력 넘치게 만드는 전통이다."

어떤 도시의 가로등은 완전히 새로운 현대적 설비로 이뤄져 있었다. 미적인 감각도 똑같이 중시하고 있었다. 예를 들어 프랑스 동남 지역 대도시인 보르도에서 만난 '물의 거울' 광장 가로등은 신식의 등갓이 씌워져 있었으며, 일본 고도古都 가마쿠라 지역의 섬에서 본 쌍등은 디자인이 정말 독특했다. 물론 아쉽게도 앞서 언급한 도시들과는 대조적으로 기능적인 면에만 국한시켜 실용적이기만 할 뿐 미적 요소를 고려하지 않은 가로등도 있었다.

여기서 물음을 하나 던질 수 있겠다. 우리가 살고 있는 도시의 가로등은 어떤 유형에 속할까? 그리고 어떠한 문화적 특색과 가치를 반영하고 있을까?

(좌상) 런던의 영국 사법연수원 중정에 있는 가로등. 노신사 한 분이 관리하는 102개의 가로등을 관리하며 전통을 고수하고 있다.

(우상) 프랑스 보르도 '물의 거울' 광장에 있는 신식의 등갓이 씌워진 가로등

(좌하) 일본 고도 가마쿠라 지역의 섬에 있는 전통이 느껴지면서도 세련미가 돋보이는 쌍등

(우하) 네덜란드 암스테르담에 있는 가로등. 찻잔을 따르는 듯한 디자인으로 행인을 배려하는 모양새다.

06 TELEPHONE BOOTH

100여 년간 도시에 봉사한 공중전화 박스

전화는 인류의 근대화 역사에서 이정표적인 발명품이다. 전화는 우리에게
도 무척이나 익숙한 캐나다인 알렉산더 그레이엄 벨 덕분에 세상에 나올 수 있
었다. 하지만 전화의 진정한 발명자는 이탈리아계 미국 이민자 안토니오 무치
다. 안토니오 무치는 1860년에 대중에게 그의 발명품인 전자 음성 전송을 선보
였다. 뉴욕에서 이탈리어로 발간하는 신문에도 이 발명과 관련한 소개 기사를
냈다. 그러나 그는 주머니 사정이 형편없었고, 미국 법에도 무지해 1874년에
특허 기한이 지났는데도 특허 연장을 신청하지 않았다. 반면 벨은 1876년 전화
에 대한 특허를 신청해 특허권을 취득했을 뿐만 아니라, 더 나아가 기술을 개선

하고 상업화시켰다. 결국 '전화의 아버지'는 벨이 되었다. 미국 국회가 2002년 6월 15일 269호 결의안을 통해 안토니오 무치가 지닌 전화 발명인으로서의 지위를 확인해 주기는 했지만 역사란 본디 잔혹하고 현실적이다. 안토니오 무치의 이름을 기억하는 사람은 거의 없다.

우리는 이 위대한 과학기술을 누가 발명했는지조차 모르고 있다. 하지만 그렇다고 해서 전화가 현대인의 생활에 미친 중대한 영향은 절대 퇴색되지 않는다. 미국의 언론정보학자 조슈아 메이로비츠는 매개의 변화가 도시 건축물의 변화와 마찬가지로 인간의 정서에 대한 정의에 영향을 미친다고 지적했다. 즉, 새로 출현한 매개는 마치 높은 담벼락이나 대문을 새로 만들고 허무는 것처럼 사회 정서를 분할, 재조합, 개조하는 효과를 낳는다.

전통 사회에서 공과 사, 높고 낮음, 남자와 여자 그리고 성인의 세계와 아동의 세계는 원래 영역이 분리된 채 안정적인 질서를 유지하고 있었다. 그런데 전화, 라디오, 텔레비전이 가정으로 들어오자 과거의 공간은 각기 고립되었고, 타인이 자신의 생활 속으로 들어오는 것을 허용하지 않게 되었다. 정보의 유동성이 낳은 어떤 효과, 즉 전자 정보가 벽을 뚫고 사방으로 쏟아져 나가자 사람이 어떤 거리상의 한계도 초월할 수 있게 되었기 때문이다. 전자 매개가 침투한 사회는 공간에 대한 감각이 사라졌다. 미국의 도시학자 멜빈 M. 웨버는 다음과 같은 말을 통해 이러한 견해를 뒷받침해 줬다.

"도시를 이해하기 위해서는 그 초점을 종전의 물리 환경의 관점에서 소통 시스템의 관점으로 전환해야 한다. 다시 말해 어느 지점에 있는 사회집단에서, 지리적인 원근과는 전혀 상관없는 새로운 사회집단으로 전환하는 것이다."

초기의 전화는 가격이 비쌌으며 휴대할 수도 없었다. 하지만 사람들은 외출 중에도 사회집단과 소통하기를 희망했고, 대형 통신사들은 이런 수요를 간과하지 않고 새로운 시장을 찾아냈다. 이로써 서양의 도시에서는 새로운 공공 시설물인 전화박스가 생겨났다.

　　일반적으로 도시 공공시설물의 역사를 이야기할 때엔 미국인 윌리엄 그레이William Gray를 가장 많이 언급한다. 그는 공중전화를 고안하고 1889년에 세계 최초로 미국 코네티컷 주의 주도 하트퍼드에 공중전화 박스를 설치한 인물이다. 윌리엄 그레이는 1891년에 그레이 공중전화 박스 회사를 창립해 운영했다. 도시민들은 공중전화 박스를 열렬히 환영했다. 관련 비즈니스는 활기를 띠었고 공중전화 박스는 도시 신화의 상징이 되었다.

　　1933년 고등학교를 갓 졸업한 미국 작가 제리 시겔과 만화가 조 슈스터가 공동으로 작업한 만화 〈슈퍼맨〉에도 공중전화 박스가 등장했다. 공중전화 박스는 평범한 신문 기자가 옷을 갈아입고 울트라 슈퍼 영웅으로 변신하는 장소로 활용되었다. 문을 닫으면 은밀함이 보장된다는 공간적 특성 때문에 가능한 설정이었다.

미국 만화 〈슈퍼맨〉에서 주인공이
공중전화 박스에서 옷을 갈아입는 장면

공중전화 박스 가운데 가장 유명한 것은 영국에 있다. 바로 1924년 디자인 공모에서 선발된 영국의 유명 건축가 자일스 길버트 스콧 경Sir Giles Gilbert Scott의 작품이다. 그의 뛰어난 작품은 바로 '붉은 공중전화 박스'다. 우아하고 대범하며 단번에 눈길을 사로잡는 디자인 덕분에 이 공공시설물은 대중에게 큰 사랑을 받아 영국과 런던을 대표하는 상징 중 하나가 되었다. 이 공중전화 박스는 엄격한 규범과 격식에 따라 제작되었다. 색상도 커런트라는 나무 열매에서 볼 수 있는 커런트 레드로 정해져 있었다. 영국에서 지정한 표준 디자인이라는 의미인, BS38C1-539라는 일련번호도 있다.

이후 여러 도시에서 영국의 사례를 모방해 뛰어난 디자인을 내세운 공중전화 박스를 설치했다. 하지만 '매화도 한철, 국화도 한철'이란 말이 있지 않은가. 21세기 초에 들어서자 이동전화는 급속도로 진화·발전했다. 소형화, 보편화, 스마트화되어 도시 생활에 다시 한 차례 혁명적인 변화를 몰고 온 것이다. 사실 이동전화가 일상화되기 이전인 1980년대에도 전 세계 도시에서 워크맨 현상이 있었다. 워크맨은 지금도 많이 사용되는 소형의 휴대용 카세트 플레이어다. 일단 워크맨으로 음악을 듣기 시작하면 주변 환경으로부터 자유로워지므로 청각을 위한 가상의 환경이 만들어진다. 이에 미국의 미래학 연구자인 이언 챔버스는 다음과 같이 지적했다.

"워크맨은 이동 가능한 연장된 신체여서 소통의 단위를 사회적 집단에서 개인으로 축소했다. 이로써 도시인은 매개를 통해 혼잣말을 하게 되었다."

워크맨이 이동의 개인화라는 현상을 낳았듯 이동전화의 발전은 사람들을 자유롭게 이동할 수 있게 우리를 해방함으로써 현대 도시에 대한 정의를 다시 썼다. 다시 말해, 도시에서 100여 년 동안 사람들을 위해 봉사한 공중전화 박스를 갑자기 쓸모없는 것으로 만들었다. 일례로 타이완의 타이베이 도시발전국에서 공중전화 박스를 없애는 일을 진지하게 고려하고 있다.

시민에게 더 넓은 보행 공간을 환급해 주면 마치 과학기술 혁명이 곧 눈앞에 펼쳐질 것 같은 모양이다. 하지만 실은 도시 경관만 다시 한 차례 드라마틱하게 바꾸는 것일 뿐이다.

(좌) 네덜란드 암스테르담의 공중전화 박스
(중) 타이완 타이베이 동물원에 있는 공중전화 박스. 동물원의 특징을 살린 디자인이 흥미롭다.
(우) 프랑스 파리에 있는 기동형 광고탑과 합쳐진 공중전화 박스

영국 런던에 있는 붉은 공중전화 박스. 대중에게 큰 사랑을 받으면서 영국과 런던을 대표하는 상징 중 하나가 되었다.

07 NEWS STAND

버려지고 창조되는 거리의 인상들

타이완은 놀랄 만큼 너무 급격히 발전하고 있다. 도시 생활과 도시 풍경이 거의 십 년을 주기로 대변신을 하는 것으로 나타난다. 과거 20년 동안 타이완에서 가장 인상 깊었던 변화 중 하나는, 24시간 영업에 심지어 휴업도 하지 않는 편의점이 우후죽순처럼 생겨나 도시민의 일상으로 깊이 파고든 것이다. 동시에 타이완에서 일명 캄마티암柑仔店이라고 부르는 전통 잡화점 점포도 조용히 조금씩 사라졌다. 이 점포가 사라지자 이와 비슷한 기능을 지녔던 옛날식 도시 시설물 —예를 들어 버스표 판매대와 함께 거리에 즐비하게 늘어서 있던 신문 가판대 같은— 것을 더 이상 볼 수 없게 되었다.

이렇듯 십 년 내지 이십 년마다 옛 도시에 대한 기억이 완전히 버려지고 도시의 새로운 인상이 받아들여지는 현상을 도시 문화의 '창조적 파괴식 발전 모델'이라고 부른다. 이러한 발전 모델은 동일 도시에 거주하는 각 세대가 공통된 경험과 기억을 공유할 수 없도록 만든다.

모두가 창조적 파괴식 발전 모델을 선택하지 않느냐고 질문할 때마다 나는 프랑스를 언급하곤 한다. 19세기 중엽, 프랑스에서 제2 제정이 시작되자 파리는 폭증한 인구로 질식 상태에 놓여 있었다. 프랑스 황제 나폴레옹 3세는 활동적이고 굳은 결단력과 의지를 지닌 바롱 오스망 남작을 오드셴 지역의 수장으로 임명하고 도시 현대화 건설을 맡긴다. 이로써 파리는 완전히 다른 모습으로 바뀐다.

바롱 오스만은 산과 숲을 모두 볼 줄 아는 사람이었다. 그래서 과감히 공공 건설을 추진하는 것 외에도 당시 유명 건축가들을 초빙해 각종 공공시설물을 설계하도록 했다. 이에 건축가들은 가두 시설물들, 예를 들어 철제로 된 짙은 청록색의 신문 가판대, 기둥 형태의 광고탑, 공중화장실, 공용 의자, 가로등 등을 19세기 풍으로 디자인했다. 이로써 파리에서는 도시 공공시설물에 대한 전통이 확립되었다. 또한 파리는 100년이 넘는 시간 동안 이 우수한 도시 공공시설물과 관련한 전통을 확고히 지켰다.

하지만 프랑스인은 창조적이고 혁신적인 민족이어서 영원히 전통만 고수하고 사는 걸 견디질 못했다. 1977년에 파리 시장으로 당선된 자크 시라크는 앞서 등장한 위대한 현자들이 취했던 방법을 모방하려 했다. 이에 수도의 공공시설물을 전면적으로 바꿨다. 그리해 모순처럼 보이는 두 가지 원칙이 확립되었다. 첫째, 이미 파리의 상징물이 된 구식 공공시설물을 재건해 파리의 불변의

(상) 19세기 양식을 모방해 새로 만든 파리의 신문 가판대
(하) 파리의 신식 신문 가판대 '광고인'. 은색의 금속 프레임과 투명 유리로 구성되어 있어 현대적인 감각이 대단히 돋보인다.

랜드 마크가 되도록 만든다. 둘째, 규격화된 도시 생활의 틀에 반대하며, 시대의 스타일에 맞는 새로운 공공시설물을 창조한다. 이로써 항상 자크 시라크가 입에 달고 살았던 구호, 즉 각 세대의 파리인은 모두 '자신이 속한 시대에서 살아야 한다'를 실천했다. 이런 원칙을 기반으로 자크 시라크는 관련 민간 회사들과 함께 자신이 세운 대규모 수도 공공시설물 개조 계획을 추진했다.

건축 회사들은 자크 시라크가 내건 두 가지 원칙에 따라 옛 디자인을 참고해 모리스 기념비, 히도르프 가로등, 월리스 분수 그리고 19세기 양식의 신문 가판대 등 전통적인 도시 공공시설물을 재건했다. 건축 회사들은 시와 협력해 예술가와 디자이너를 초빙했고, 공모를 통해 새로운 스타일의 도시 공공시설물 디자인을 개발하고 선정했다.

가장 유명한 예가 1978년 공모전에서 당선된 '광고인'이다. 새로운 디자인의 신문 가판대로, 은색의 금속 프레임과 투명 유리로 구성되어 있어 현대적인 감각이 대단히 돋보인다. 또한 파리의 전통적인 신문 가판대와 스타일이 판이하게 달라 참신하며 동시에 전통적인 기능도 충실히 보유하고 있다.

이와 동시에 파리 시 정부는 센강변의 노천식 서적 가판대를 보호하기 위한 행정 입법을 내놓았다. 이 노천식 서적 가판대는 19세기에 센강변 양쪽에 생겨난 것으로, 청록색의 나무 상자로 되어 있으며, 그 수가 900여 개에 달한다. 자크 시라크 시장은 또한 1993년에 행정 법안에 서명함으로써 옛 노천 서적 가판대의 규격과 재질을 규정했다. 프랑스인들이 '부키니스트'라고 부르는 옛 서적 가판대에는 디지털 시대 이전의 문예 산물을 30만 권이 넘게 보유하고 있다. 그 종류로는 옛날 서적, 옛날 잡지, 포스터, 엽서, 우표, 레코드판, 원본과 복제한 그림, 편지 등이 있다. 이로써 약 3킬로미터나 늘어서 있는 서적 가판대는 파리의 중요한 경관 중 하나가 되었다. 이에 영국의 국영 방송인 《BBC》도 센

강을 '세계에서 유일하게 양옆으로 늘어선 서적 가판대 사이를 유유히 흐르는 강물'이라고 묘사했다. 옛것과 새것이 공존하는 신문 가판대 덕분에 파리에는 낭만적인 서적의 향기가 짙게 배어들었으며, 또한 파리는 전통과 현대를 동시에 담는 기백과 아름다움도 드러낼 수 있었다.

19세기 전기 센강변에 있던 옛날식 신문 가판대

　　그렇다면 유럽의 기타 도시들의 상황은 어떨까? 독일의 베를린 시는 벽돌을 쌓아 지붕으로 만든 질박한 느낌의 소형 신문 가판대를 지금도 고수하고 있다. 리스본, 베네치아, 멜버른에서는 신형 또는 구형의 크기가 제각각인 신문 서적 가판대가 길가에는 드문드문 놓여 있다. 그야말로 부러운 광경이었다.

　　신문 가판대나 옛 서적 가판대가 절로 시선을 사로잡는 공공시설물은 분명 아니다. 하지만 우리는 이러한 것들을 통해 도시민의 감정을 간접적으로나마 들여다볼 수 있다. 도시민은 현대화라는 효율적인 생활을 추구하면서 동시에 전통이 남긴 공간의 결, 도시의 인상, 문화생활의 기능을 공유하고 지속시키기를 원하기 때문이다. 그렇기에 시대정신을 반영하는 새로운 서적 가판대를 제작할 수 없다면, 과거에 존재했던 구식 서적 가판대를 도시 문화와 경관의 중요한 상징으로서 반드시 남겨 둬야 한다. 혹시라도 너무 빨리 발전하는 과정에서 살피지 못했다면, 냉정을 찾고 정신이 맑아진 후에는 어떻게 해서든 재건하고 재현해 내야 한다. 이와 같은 공간이야말로 연속적인 기억과 누적된 정감을 통해 문화를 잉태할 수 있기 때문이다.

그렇다면 창조적 파괴식의 발전을 경험한 타이완 도시들에도 변화의 기회가 찾아올까? 과거 존재했던 신문 가판대나 1960년대 유행한 타이베이 구링졔牯嶺街 거리에 있던 옛 신문 가판대가 새로운 정감, 태도, 방법으로 다시 설치될 기회 말이다.

(좌) 파리 센 강변에 있는 서적 가판대. 전통과 현대를 동시에 담는 기백과 아름다움이 드러난다.
(우) 오스트레일리아 멜버른에 있는 신문 가판대

제2부

도시 역사의 단서들

08 LITTER BIN
쓰레기통으로 본 도시

예전에 프랑스의 어느 유명한 건축가에게 세계 도시와 관련된 이야기를 들은 적이 있다. 그는 도시의 진보 정도를 가늠하는 중요한 판단 기준에 관해 말했다. 그는 랜드 마크 건축물, 분수를 장식한 조각상, 넓은 광장, 대로 위로 우거진 가로수처럼 누구나 볼 수 있거나 일부러 관심을 갖고 찾아가는 장소가 아니라고 말했다. 오히려 타지에서 온 손님은 간과하는, 자잘하고 숨어 있는 것이라고 했다. 예를 들어 길거리 시설물이라고 불리는 것들의 디자인과 설치, 가로등, 길게 늘어선 간판, 인도의 바닥면, 신호등, 공용 벤치, 버스 정거장 같은 것이었다. 그는 이처럼 도시 생활을 위해 필수적인 시설물의 품질이 시민의 품위와 격조를 반영하고 있다고 지적하며 다음과 같이 예를 들어 설명했다.

"낯선 도시를 방문해 쓰레기통을 사용하게 되었다고 해 보죠. 당신은 쓰레기통이 혐오스러워 멀찌감치 떨어져 쓰레기를 던져 넣을 수도 있고 동정하고 아끼는 마음으로 다가가 쓰레기통 구멍에 쓰레기를 쏙 집어넣을 수도 있어요. 후자였다고 가정하죠. 그때 당신은 자리를 뜨기 전에 쓰레기통의 디자인을 한 번 돌아봤어요. 마음에 든 거죠. 그렇다면 당신은 스스로에게 진보한 도시에 왔다고 말해도 됩니다."

참으로 기가 막히게 훌륭한 견해였다. 흥미로운 관점이기도 하고 돋보이는 식견이라 나의 머릿속에 깊이 각인되었다. 이후 그의 말을 실천으로 옮겨 봤다. 언제부턴가 여행하면서 견문을 쌓을 때 눈여겨보는 중요한 사항 중 하나가 되어 있었다. 나는 새로운 도시에 도착하면 유명 관광지를 여행하는 것은 물론이고, 이와는 별개로 여유 시간을 충분히 할애하기 시작했다. 그러고는 도시의 세세한 부분까지 감상하고 즐기며, 종종 나와 도시가 색다르게 교감한 그 순간을 기억하기 위해 사진으로 남겨 뒀다. 만약 일일이 자세하게 살펴볼 시간이 부족하면, 도시의 거리 시설물 중에서 기록 사진으로 남길 후보를 한두 가지로 압축했다. 프랑스 건축가에게 받은 깨달음을 증명이라도 하고 싶었는지, 내가 첫 번째로 선택한 거리 시설물은 바로 쓰레기통이었다.

지금 그때를 기억해 보니, 이유는 두 가지였던 것 같다. 첫 번째는 프랑스 건축가가 말한 아름다움에서 중국 건축가 린후이인의 명문장을 떠올려서다.

머무르면 찰나일 것이나 몸을 돌려 떠나면 온 세상일지니 停留是刹那, 轉身卽天涯.

린후이인의 다른 말도 생각났다.

어느 도시와 사랑에 빠졌다면, 이는 그 도시에 거주 중인 사람들 때문이라고 누군가가 말했다. 그런데 사실은 그렇지 않다. 어느 도시와 사랑에 빠진다면, 이는 그 도시의 생동감 넘치는 풍경, 어릴 때의 추억, 익숙한 느낌의 고택 때문이다. 마치 누군가를 사랑하게 되어 버린 것처럼 말이다. 전생의 인연이나 남녀 사이의 사랑 같은 것 때문이 아니라, 때로는 아무 이유 없이 그냥 사랑해 버리는 것이다.

아무 이유 없이 도시의 생기 넘치는 풍경에 끌렸다면, 이때의 풍경에 쓰레기통을 대입해 생각해 볼 수도 있지 않을까?

두 번째는 대단히 프랑스다워서다. 프랑스어로 쓰레기통은 라 푸벨르la poubelle로 1883년부터 1896년까지 파리를 포함한 오드센 주의 관할권자인 외젠 르네 푸벨르Euene-Rene Poubelle의 이름에서 따왔다. 푸벨르는 1884년 바닥에 쓰레기 투기 금지를 담은 행정명령을 발표했다. 내용은 다음과 같았다. 우선 모든 가구의 주민은 길바닥에 쓰레기를 투기해서는 안 되며, 쓰레기는 각자 마련한 쓰레기통에 버려야 한다. 가구에서 모아 놓은 쓰레기는 쓰레기 수거 담당자인 청소부가 가져간다.

푸벨르는 이 행정명령에 쓰레기 분류라는 새로운 개념도 제시했다. 이에 모든 가정에서는 반드시 세 종류의 쓰레기통을 마련해 둬야 했다. 부피가 크고 부패하기 쉬운 유기물 쓰레기를 버리는 통, 종이류를 버리는 통, 마지막으로 유리와 도자기, 조개껍데기 같은 쓰레기를 버리는 통이었다. 당시 파리 사람들은 자비를 들여 쓰레기통을 세 개나 구비해야 한다는 사실에 상당히 불만스러워했다. 하지만 억지로라도 따라야 했기 때문에 홧김에 쓰레기통을 푸벨르의 통

la boite poubelle이라고 부르기 시작했다. 이 신조어는 1884년《피가로》의 비평 기사를 통해 알려졌고, 이후 프랑스 사람들에게 널리 사용되었다. 1890년에 들어서는『19세기 대사전Le Grand dictionnaire universel du XIXe siecle』에 수록되었다.

정말 재미있는 이야기였다. 모로코 시인 아브델리티프 라아비Abdellatif Laabi의 시를 읽고 나니 더 재미있게 다가왔다.

시를 쓰레기통에 버리다la poubelle poeme / 리듬을 쓰레기통에 버리다A la poubelle rythme/ 침묵을 쓰레기통에 버리다a la poubelle silence.

아브델리티프 라아바가 말하는 대상이 비단 쓰레기통만은 아니었을 것이다. 격식, 틀, 행정 지도와 규정, 관리와 제어 등도 숨어 있을 것이다.

이제 여행할 때 쓰레기통과 마주치면 그것이 아름답든, 아름답지 않든 푸벨르poubelle라는 프랑스어가 생각날 것이다.

(상) 프랑스 보르도 지역의 작은 마을 생테밀리옹에 있는 쓰레기통
(중) 프랑스 파리에 있는 공중 쓰레기통 / 영국 런던 공원에 있는 반려동물
대변 전용 쓰레기통
(하) 프랑스 파리 공원에 있는 공중 쓰레기통

거리에서 반려동물 대변을 버릴 수 있는 오수 배출구를 알려 주는 표식

09 PUBLIC TOILET
백성을 위한 로마 황제의 배려

여행을 좋아하는 사람이라면 누구나 화장실을 찾지 못해 고생한 경험이 한 번은 있을 것이다. 특히 낯선 도시에서 말이다. 아! 그때의 처참한 고통이란! 정말 말로는 다 표현 못할 지경이 아니던가! 지금 시대의 공중화장실은 타지에서 온 여행객에게 편의를 제공할 목적을 지니고 있다. 하지만 사실은 지역민을 위한 서비스의 일환으로 당연히 갖춰 놓아야 할 공공시설물이었다. 도시의 발전 역사를 거슬러 올라가 보면, 공중화장실은 공공시설물 가운데 가장 일찍 생겨났다는 걸 알 수 있다.

공중화장실을 처음으로 만든 사람은 서기 1세기 때의 로마 황제 베스파시아누스였다. 이처럼 독특한 공공 서비스를 제공하는 게 곧 자식과도 같은 백성들에게 은혜를 베푸는 것이라고 생각한 황제는 자신의 이름을 따서 공중화장실의 이름을 지었다 —오늘날 이탈리아어로 공중화장실은 '베스파시아노'라고 부른다—. 그 덕에 이 로마 황제의 이름은 후대에 전해질 수 있었다. 시대를 풍미한 수많은 제왕과 제상이 길고 긴 역사의 풍상에 깎여 나가고 사라져 후대인들에게서 완전히 잊힌 것과는 대조적으로 말이다.

일설에 로마 황제가 공공 서비스의 질을 높이기 위해 소변용 공중화장실을 정기적으로 청소했으며, 이를 위한 전문 인력도 고용했다고 한다. 또한 화장실을 이용하는 사람에게 일정 금액을 지불하도록 했는데, 이때 징수하는 돈을 배뇨세라고 했다. 아울러 당시 로마 시민들은 이 새로운 세금을 '이 돈에서는 악취가 나지 않는다!'라고 평가했다고 한다. 그리고 이 말은 훗날 각국 언어로 번역되어 유럽 지역의 유명한 격언으로 자리 잡았다.

베스파시아누스 황제가 공중화장실에 지어 준 이름은 1800년이 지난 19세기 프랑스의 제2 제정 시기에도 등장한다. 프랑스가 파리 중건이라는 대개조 사업을 진행할 때, 당시 보급되어 있던 철제로 된 짙은 청록색의 소변용 공중화장실에 '베스파지엔느'라는 이름을 붙인 것이다. 파리에 설치된 초기의 베스파지엔느는 공짜로 사용할 수 있었으며, 누추할 정도로 간소한 시설이었다. 길가에 잘 보이지 않는 곳에 설치해 놓은 탓에 항상 지저분하고 불결했으며, 코를 찌르는 악취가 났다. 더군다나 남성만 사용했다. 여성이 이용하기에는 부적합했다.

20세기 상반기에 들어서면서 베스파지엔느가 있는 지점은 반하류 사회 남성들이 모이는 장소로 변했다. 이들은 이곳에서 볼일을 해결하는 것 말고도 각종 정보를 교류했고, 낯 뜨거운 일들을 벌였다. 베스파지엔느가 있는 곳에서는 그야말로 도시의 온갖 더럽고 추한 일들이 허용되었던 것이다. 제2차 세계대전 기간에 베스파지엔느는 로제르 페이레피트Roger Peyrefitte, 장 주네 등 몇몇 소설가에 의해 파리 동성연애자들이 만남과 모임을 갖는 유명하고도 상징적인 지역이 되었다.

사람들에게 부정적인 인상을 줬던 베스파지엔느는 시대의 발전에 따른 변화에 따를 수밖에 없었다. 결국 제2차 세계대전이 끝나자 차츰 헐리고 사라지기 시작했다. 대신 '사니제뜨'라는 공중화장실이 등장했다. 사니제뜨는 1980년대에 나타난 현대화된 화장실로, 사방이 완전히 막힌 동전 투입식 자동 공중화장실이다. 공중화장실이 다시 사용료를 받기 시작한 것이다. 1981년 10월 파리 시의회는 사니제뜨의 사용료를 1프랑으로 정한다는 내용의 공중화장실 관

파리의 베스파지엔느라고 불리는 공중 소변기. 공짜로 사용할 수 있었으며, 누추할 정도로 간소한 시설이었다.

리 법규를 통과시켰다. 이로써 공중화장실을 이용료는 1프랑이 되었다. 갑자기 속이 불편해져 여행을 즐길 기분이 사라진 관광객, 길을 걷다 급히 화장실을 찾는 시민 등 누구든 청결하고 사생활이 보장된 화장실을 즉시 이용할 수 있게 되었다. 그리고 화장실에서 급한 볼일을 해결한 후에는 가뿐해진 몸과 즐거운 마음으로 다시 아름다운 도시의 품으로 돌아갔다.

2006년 2월 15일, 파리 시 정부는 자동 공중화장실을 공짜로 전환하는 정책적인 결정을 내렸다. 대신 자동 공중화장실 사용료를 체재비에 포함시키거나 시민세의 서비스 내역으로 편입시켰다. 이로써 유구한 역사를 지닌 이 도시 공공시설물은 드디어 명실상부한 공공 서비스로 거듭났다.

(좌) 파리의 '사니제뜨'로 불리는 현대식 공중화장실. 사방이 완전히 막힌 동전 투입식 자동 공중화장실이다.
(우) 프랑스 그르노블에 있는 소변용 공중화장실.

초기의 사니제뜨는 콘크리트로 된 폐쇄형 건물이었다. 다시 말해, 기능만 갖춰 놓았을 뿐 미적인 요소는 전혀 고려하지 않았다. 그런데 이후 공중화장실은 19세기 유럽 대륙에서 유행한 모리스 기념비의 모양을 본떠 새롭게 디자인되었다. 짙은 청록색 철제로 된 외관 그리고 아름다운 모리스 기념비 모양의 공중화장실은 이용의 편리성 외에도 도시 내 예술 문화 활동에 대한 정보 제공과 도시 미관 개선이라는 두 마리 토끼를 모두 잡게 되었다.

이로써 공중화장실은 더 이상 도시의 흉물이 아니게 되었다. 오히려 자연스러운 도시 풍경의 일부가 되어 사람들에게 시 당국이 얼마나 심혈을 기울였는지 충분히 느끼게 해 줬다. 도시의 경치로 들어간 공중화장실은 독특한 공공 예술 작품처럼 보이기도 했다.

대중이 이와 같은 방식에 환호하자 여러 도시에서도 파리를 모방하기 시작했다. 그 결과 현재 네덜란드, 벨기에, 독일, 오스트리아, 스위스 등 유럽 대도시에서는 멋진 디자인의 공중화장실을 볼 수 있다. 이제 유럽이라는 구대륙 국가뿐만 아니라 미국, 캐나다와 같은 신대륙 국가, 오스트레일리아 그리고 아시아 국가 도시에서도 다양한 형태의 공중화장실을 만나 볼 수 있다. 이들 화장실은 본연의 기능에도 충실할 뿐만 아니라 예술적으로 대단히 독특하게 디자인되어 있다.

공중화장실은 그것이 설치되어 있는 도시의 공공 서비스 품질을 대표한다. 그뿐만 아니라 타지에서 온 방문객을 향한 도시 당국의 세심한 배려, 도시 경관에 대한 창의적인 관리 방법을 반영한다. 그러므로 여러분이 다음에 어떤 도시를 처음 방문하게 된다면 잊지 말고 공중화장실의 수량, 품질, 편리함, 편안함 그리고 예술성을 두루 살펴보기를 바란다.

(상) 프랑스 파리 노트르담 성당 뒤편에 있는 공중화장실
(좌) 오스트레일리아 멜버른 길가에 있는 공중화장실
(우) 오스트리아 빈 길가에 있는 공중화장실

10 FIRE HYDRANT
거리에서 찾은 나만의 작은 역사

나는 파리에서 학위를 취득했고 파리교통공단RATP에서 한동안 지하철 엔지니어로 일했다. 그리고 파리 유학을 기점으로 전 세계 도시를 여행하기 시작했다. 새로운 도시를 방문하면 가장 먼저 하는 일이 지하철부터 찾아가 보는 것이었다. 순전히 전공에서 기인한 흥미 때문이었다. 더불어 여행지를 선택할 때부터 항상 소화전을 염두에 뒀다. 기념사진용으로, 즉 '여기에 왔다 가다'란 사실을 남겨 두기 위해 선택한 중요 목표물이었던 것 같다. 나는 줄곧 묵묵히 도시의 소화전을 촬영하고 그 이미지를 모았다. 지금 와서 생각해 보면 말로는 표현할 수 없는 그리움을 '나만의 작은 역사로 쓰자'고 바랐기 때문이 아니었을까 하는 생각이 든다.

　내가 알고 있는 한 도시에서 쓰는 소화전이 발명될 수 있었던 데는 영국의 엔지니어 제임스 헨리 그레이트 헤드James Henry Greathead의 공이 크다. 이 영국인 엔지니어는 금세 사람들에게 많이 알려졌는데, 바로우 타입인 방패 모양의 수도 굴착기를 개선시키는 데 공헌한 덕분이었다. 그가 개선한 굴착기가 있었기에 지하철이 템스강 하부를 뚫고 지나갈 수 있게 되었으며, 지하철망이 구축될 수 있었다. 덕분에 1863년에 런던의 첫 번째 지하철이 개통되었으며, 세계 첫 번째 지하철이 되었다. 비록 도시사都市史에서는 '지하철의 아버지'라는 영광의 월계관을 투자자인 영국 변호사 찰스 피어슨Charles Pearson에게 수여했지만 우리 엔지니어들은 제임스 헨리 그레이트 헤드를 진정한 지하철의 아버지로 꼽고 있다.

　소화전은 도시의 화재를 막기 위해 설치되었다. 인류는 산림을 베어 버리고 그 안에 사는 새와 짐승을 몰아냈다. 그리고 그곳에 대형 토목공사를 시행해 사람들이 생활할 수 있는 취락 시설을 만들었다. 이 취락 지역은 더 많은 사람이 모여들면서 작은 동네에서 마을로, 마을에서 도시로 발전했다. 많은 사람이 모여 살자 행운과 불행은 늘 함께 다닌다는 격언처럼, 좋은 일과 나쁜 일이 함께 발생했다. 아주 작은 불씨가 온 대지를 태워 버릴 수 있다는 경고 문구가 나타났고, 대지가 도시로 바뀌자 결국 불을 끌 물이 필요해졌다. 이에 소방용으로 쓸 물을 가둬 두는 연못, 베이징 고궁에서 볼 수 있는 동으로 만든 거대한 물 항아리, 선양瀋陽 고궁에 있는 도자기 재질의 거대한 물 항아리 같은 필수 설비가 나타났다. 현대화가 되자 도시 생활을 위한 파이프라인이 깔리면서 연못과 대형 물 항아리는 소화전이라는 형태로 바뀌었다.

이에 오늘날에는 도시의 거리 모퉁이에서 쉽게 소화전을 찾아볼 수 있다. 그리고 여러 해가 지난 지금, 나에게도 기념으로 찍어 놓은 독특한 형태의 소화전 사진이 많이 쌓였다.

내가 사진으로 찍은 소화전은 다음과 같은 것들이었다. 파리에서 만난 소화전은 기능적인 급수관과 기둥 외에도 외부 보호와 장식 기능까지 갖춘 무척 세련된 디자인의 케이스를 쓰고 있었다. 뉴욕에서 만난 소화전은 굵고 투박했다. 위험을 알리기 위해 습관적으로 사용하는 빨간색도 채용하지 않았다. 뚜껑은 은색으로, 몸체는 검은색으로 되어 있어 마치 뉴욕이라는 도시가 다른 도시와 차별화된 곳임을 암시하고 있는 것 같았다.

(좌) 프랑스 파리에 있는 외부 보호와 장식 기능까지 갖춘 세련된 디자인의 소화전
(중) 미국 뉴욕에 있는 뉴욕이라는 도시의 차별성을 알리는 듯한 소화전
(우) 일본 교토에 있는 소화전이 지하에 있다는 것을 알려 주는 표지

일본 교토에서 만난 소화전은 대부분 지하화되어 있었다. 눈에 보이는 부분은 겨우 도로와 같은 높이로 덮여 있는 쇠로 된 뚜껑밖에 없었다. 대신 눈에 너무 띄지 않아 정작 긴급할 때 소화전을 찾지 못할 것을 우려해 옆에 기다란 나무토막을 세워 놓았다. 이 흰색 바탕의 나무토막 위에는 붉은 글씨로 '이곳 지하에 소화전이 있습니다'라는 알림 문구가 적혀 있었다.

지금까지 본 소화전 가운데 가장 아름다운 것은 뜻밖에도 서아프리카 세네갈 수도인 다카르 외해에 있는 노예 섬에 있었다. 이곳은 18, 19세기 아프리카 노예무역의 중요한 거점으로 피로 물든 슬픈 역사를 가진 섬이었다. 그런데 내가 발견한 소화전은 섬이 품고 있는 이미지와는 달리 정교하고 아름다웠다. 맨 윗부분의 뚜껑에는 세밀하고 정교한 조각이 새겨져 있었고 몸통은 적당히 균형 잡혀 있었다. 더구나 너트에도 무늬가 새겨져 있었다. 시간이 흐르면서 생겨난 얼룩들은 붉은 칠을 해 놓은 무쇠 위를 우아하면서도 아름답게 덮고 있었다. 그야말로 과거 식민지 시대에 나타났던 예술품이었다. 그런데 왜 이곳에 소화전이 필요했을까? 쓰고도 남을 만큼의 바닷물을 주변에서 손쉽게 구할 수 있는 작은 섬에서 말이다. 끝없이 쌓인 미움과 원한이 폭발해 성난 불길이 바닷물을 길어 오는 짧은 시간조차 버틸 수 없을 정도로 거세게 타올라서일까? 이런저런 생각을 하다 보니 인류 역사를 돌이켜 보지 않을 수 없었고, 아름답기 그지없는 소화전임에도 눈에 거슬리기 시작했다.

어느 해 여름에는 이스라엘의 텔아비브 지역 해변에 있는 여관에 머물렀다. 텔아비브 지역은 내가 기억하고 있는 도시 중에서 소화전이 가장 많은 도시였다. 심지어 바닷가와 연결된 모래사장에도 몇 걸음마다 한 개씩 소화전이 설치되어 있었다. 해안선을 따라 소화전이 점선을 이루고 있어 어찌나 특이하던

지. 어쩌면 아랍 세계가 격렬히 충돌하는 중심에 있어서일지 모른다. 시시때때로 전투가 발생해 불을 꺼야 할 상황이 자주 발생하니 말이다.

결국 나는 해변에 아무도 없을 때 클로즈업한 소화전 사진을 찍으려 새벽에 일어나기도 했다. 아무도 없는 상쾌하고 서늘한 해변에 별을 흩뿌려 놓은 듯 놓인 소화전이 아침 햇살을 맞아 고독한 형체를 드러내고 있었다. 점과 점으로 이뤄진 쓸쓸하게 아름다운 독특한 경관, 이 경관이 자아낸 기묘하고 환상적인 화면에 절로 감탄이 쏟아져 나왔다.

이것이 내가 본 텔아비브였고, 내가 본 이스라엘이었다. 다만 이 소화전들이 지닌 유일무이한 아름다움과 연관 지어 생각해 낸 이미지는 평온함이 아니었다. 원한이었다. 이렇듯 소화전도 드러나지 않는 자신만의 방법으로 몰래몰래 자신에 대한 이야기를 풀어놓고 있었다.

(좌상) 슬픈 역사를 가진 세네갈 노예 섬에 있는 소화전.
섬의 이미지와 달리 정교하고 아름다웠다.
(우상) 중국 충칭 거리에 있는 소화전
(좌하) 텔아비브 해변에 있는 소화전. 해안선을 따라 점선을 이루며 놓여 있다.
(우하) 중국 샤먼 시 구랑위에 있는 소화전

제3부

도시 문화의
축소판

11 BILLBOARD

간판, 길 인도자에서 문화 코드가 되기까지

도시는 모두 자신만의 이야기를 갖고 있다. 하지만 그 이야기를 다른 지역 사람들과 공유하기란 여간해서는 쉬운 일이 아니다. 미국의 연기자 겸 영화감독인 우디 앨런의 영화 세 편, 〈내 남자의 아내도 좋아〉〈미드나잇 인 파리〉〈로마 위드 러브〉는 매우 이례적인 성공 사례로 꼽히는 경우다. 영화가 흥행에 성공할 수 있었던 데에는 영화의 배경 지역이 한몫했다. 바르셀로나, 파리, 로마라는 유럽 세 도시가 다른 어느 지역보다도 낭만적인 이미지를 지니고 있기 때문이다.

이와 비슷한 사례가 타이완에서도 있었다. 바로 중국의 베이징 국가극원國歌

劇院이 2013년 9월과 10월에 타이베이 까우슝高雄에서 상연한 대형 무대극 〈왕푸징〉이다. 이 작품은 의외로 극단의 호평과 대중적인 성공을 동시에 거두며 사람들의 이목을 끌었다.

이 작품의 제목인 왕푸징은 베이징 동청東城구 지역에 있는 거리로 중국의 유명 관광지다. 이곳에는 현대식 쇼핑센터가 꽤 많이 밀집해 있다. 더불어 100여 년 전의 모습을 그대로 간직한 오래된 가게도 여전히 많이 남아 있다. 그 덕분에 왕푸징에서는 베이징이라는 도시가 겪은 정치, 경제, 사회, 문화 면에서의 흥망성쇠와 변화를 한눈에 살펴볼 수 있다. 무대극 〈왕푸징〉의 기획 의도 역시 상점들로 채워진 어느 거리의 작은 역사를 통해 근대 중국의 거대한 역사를 조명하려는 것처럼 보인다. 그 매개체가 바로 간판이다. 간판은 공연하는 내내 등장한다. 가장 유명한 대사도 "사람이 한평생 하나의 일을 해야 한다면, 그것은 바로 내가 가진 이 간판을 깨끗이 닦는 것이라네!"다.

연극이 예술적으로 각색하고 변형시킨 사실을 담는 것이기는 해도, 간판이 지닌 상징성이 이렇게나 강렬할 수 있을까? 분명 논란의 여지가 있는 문제이기는 하지만 간판을 상업적인 관점에서 보면 도시에서 빼놓을 수 없는 요소인 건 확실하다.

사람들이 도시에 거주하는 주요 원인 중 하나는 교환을 하기 위해서다. 보통 물품, 노동력, 정보, 영향력을 교환하는 행위는 점포라는 고정된 공간 안에서 진행한다. 그런데 도시의 규모가 점차 확대되자 도시민들은 자신들을 이끌어 줄 더 구체적인 단서가 필요해졌다. 이에 자연스레 상업적인 간판이 등장하게 되었다.

간판의 가장 최초 형식은 초招, 부르다일 것이며, 이것은 아마도 관부에서 백성에게 공고하기 위해 사용한 초첩招貼: 벽보에서 왔을 것이다. 초첩이 지닌 공고 효과를 학습한 상인들이 점차 이것을 홍보와 광고의 용도로 활용하기 시작했고, 민간에서는 초지招紙 또는 초자招子로 부르며 사용하게 된 것이다. 그런데 초자는 종이로 되어 있어 금세 훼손되고 오래 쓰지 못했으며, 임시적인 알림 기능밖에 수행하지 못했다. 이에 자연스레 천으로 만든 황자幌子, 휘장가 나타나게 되었다. 황幌 자는 커튼, 장막을 의미한다. 옛날에는 주로 주점에서 고객을 끌어모으기 위해 천으로 만든 깃발을 세웠다. 오늘날 중국에서 술집 광고를 뜻하는 지우자오酒招라는 단어도 모두 이와 같은 이유로 파생되었다. 술집에서 천으로 된 황자로 가게 홍보를 한 사실은 당나라 시인 육구몽의 시를 통해서도 잘 알 수 있다.

> 작은 화로는 낮게 드리워진 황자에 가리어 있고, 술 방울 향이 타고 남은 재로 떨어지니 마치 작년으로 돌아간 것 같구나爐被低垂的幌子在遮擋, 酒滴在香灰上還仿佛去.

천으로 만든 황자, 즉 휘장은 바람이 불면 바람에 따라 휘날린다. 그 모습은 운치는 있어도 장중한 느낌은 없다. 견고함도 떨어진다. 이에 다시 나무로 만든 간판이 등장한다. 나무 간판의 품질과 기능은 한 번 더 향상되어 편匾, 현판이란 형식으로 발전했다. 그런데 편이라는 단계에 이르자 현판은 단순히 알려 주는 표지標識로서의 기능이나 상업적인 고유명사를 뛰어넘어 문화적인 코드로 거듭나 있었다. 게다가 서예, 조각, 건축 등 도시 특유의 예술 영역과 결합해 문화 수준을 드러내는 상징물이 되었다.

초, 황, 패, 편에 이르는 발전 과정은 서양의 도시에서도 나타난다. 발칸반도의 작은 나라 코소보공화국의 수도 프리슈티나 근교에서 소가죽을 문 밖에

(상) 코소보공화국의 수도 프리슈티나 근교에 있는 소가죽 봉제 점포. 소가죽을 문 밖에 걸어 간판으로 사용하고 있다.
(하) 싱가포르에 있는 각양각색의 롤리팝 사탕을 간판으로 사용하는 가게

(상) 프랑스 파리에 있는 붉은색 풍차를 지붕 위에 얹은 물랭 루즈 극장 간판
(하) 타이완 뉴 타이베이 시에 있는 상업 간판. 일정한 크기로 정렬되어 있다.

걸어 간판으로 사용하고 있는 소가죽 봉제 점포를 본 적 있다. 싱가포르에서는 회랑에 각양각색의 롤리팝 사탕을 가득 걸어 손님을 불러 모으는 사탕 가게도 봤다. 파리의 물랭 루즈 극장은 이름 그대로 붉은색 풍차를 지붕 위에 얹어 지역의 랜드 마크가 된 경우다. 이런 것들은 모두 실물이나 실물 모형을 간판으로 사용한 사례다. 간판의 원시적인 형태라 할 수 있다.

휘장, 현판 등 각양각색의 간판이 날로 늘어나면서 눈에 띄기 위한 경쟁은 필연이 되었다. 보고만 있어도 눈이 어지러울 정도로 도시 경관은 엉망이 되었다. 이 지경이 되자 여러 도시에서 간판과 관련한 관리 규정을 도입했으며, 한 발 더 나아가 일부 지역에서는 일치된 색상과 형태의 간판을 사용하도록 했다. 그런데 나는 통일되고 일관된 간판에서도 수많은 창의적인 요소를 발견할 수 있었다. 가장 인상적이었던 간판도 도시 경관과 어우러져 한 줄로 아름답게 늘어서 있던 상업 간판들이었다. 바로 오스트리아 잘츠부르크의 게트라이데 거리에서 본 것들이다.

잘츠부르크의 옛날 거리 지역으로 들어서면 석판이 깔린 구불구불 이어지는 길이 나온다. 이 길 위로 점포마다 하나씩, 모두 마치 예술품처럼 섬세하게 제작한 작은 철제 간판을 달고 있다. 어떤 것은 현대적이고, 또 어떤 것은 고전적인 느낌이 물씬 풍긴다. 이 간판들을 보고 있으면, 마치 조용히 무언가를 일깨워 주는 것만 같다. 바로 장사에는 돈이 뿜어내는 악취와 호객을 위해 목이 터져라 소리를 지르는 행위만 있는 게 아니라고 말이다. 그리고 간판을 닦아 광을 내는 많은 방법 중 당신이 선택한 방식은 곧 당신의 문화 수준을 말해 준다는 것을 말이다. 무대극 〈왕푸징〉이 열심히 전달하려 했던 내용도 이런 것이었을지 모른다.

오스트리아 잘츠부르크 게트라이데 거리에 있는
현대적이면서 고전적인 간판

12 DISPLAY WINDOW
파리의 꿈과 환상이 담긴 정경

인구가 밀집된 도시에서는 재화와 기회가 모이며, 그에 따른 경제활동이 활발하게 이뤄진다. 그래서 과거 도시의 몽상가들은 도시를 제대로 이해하려면 도시에서 두 발로 느긋하게 걸어 다녀 봐야 한다고 믿었다.

보행과 도시의 관계는 파리를 깊이 사랑한 독일 철학자 발터 벤야민이 느긋하게 '산책하는 사람Flaneur'이란 단어로 신들린 듯 생생하게 표현한 덕분에 특별히 친밀한 듯 표현되었다. 발터 벤야민이 남긴 기록들 가운데는 신기하게도 검은 거북이를 끌고 다니며 거리를 산책하는 신사가 등장한다. 이처럼 놀라우리만큼 과장되게 꾸며진 행동에는 사실 깊은 뜻이 숨어 있다. 바로 발터 벤야민은 속도를 늦추고 천천히 걷는 걸음과 관련한 가치관을 보여 주려 한 것이다. 거북이를 끌고 가는 신사는 분명 걷는 속도를 거북이가 걷는 속도에 맞췄을 것이다. 그렇게 해야 우아하게 걸으며 도시 곳곳을 빠짐없이 돌아보고 느끼려 한다는 바람을 제대로 표현할 수 있으니 말이다.

프랑스 파리의 아케이드. 투명 유리 덕분에 강한 햇빛에 노출되거나
비 맞을 걱정 없이 우아하게 걸을 수 있었다.

파리의 신사가 여유롭고 느긋하게 걸을 수 있었던 것은 모두 19세기에 유행한 아케이드라는 건축설계 양식 덕분이었다. 아케이드는 산업혁명 이후 빠르게 발전한 건축 기술로 철근과 투명한 유리로 지은 새로운 형식의 건축물이었다. 양쪽에 상점들이 늘어서 있는 통로 위에 아치 형태의 유리 천장을 덮은 것이다. 보행자 입장에서 아케이드는 강한 햇빛에 노출되거나 비 맞을 걱정 없이 항상 우아하게 걸을 수 있는 인공의 산책 공간이었던 것이다.

그러나 건축비가 너무 많이 들어 보급한다거나 도시 전체에 도입하는 건 불가능했다. 그러니 느긋하게 산책하는 사람이 아케이드라는 꿈나라를 벗어나는 순간, 그 안에서 꿨던 수많은 문화적 몽상은 필연적으로 사라질 수밖에 없었던 것이다. 그래서 아케이드는 아치형 유리 천장 아래로 늘어선 유리 진열창, 그 앞에서 통로를 밝히고 있는 휘황찬란한 가스등 불빛 속에서 화려한 거품과도 같은 도시의 꿈이 되어 버렸다.

아케이드를 통해 꾸던 꿈은 깨졌다. 하지만 아케이드 안에 있던 도시의 상업적인 요소인 진열창은 살아남았다. 진열창은 상점에서 상품을 전시하거나 소비자를 유인하기 위해 설치한 것으로, 거대한 투명 유리창 안쪽에 마련된 공간을 이른다. 진열창의 발생지는 산업혁명과 자본주의의 발생지인 18세기 말의 영국 런던이다. 진열창의 발명 동기는 매우 명확했다. 바로 새로운 기술 ― 더 좋은 품질, 견고한 내구성을 지녔지만 더 싼 가격, 크기는 훨씬 많이 키운 투명한 유리 ― 과 새로운 개념 ―광고 판촉― 을 통해 더 많이, 더 빨리, 별다른 생각 없이 소비하도록 독려하기 위함이었다.

진열창에는 아케이드가 지녔던 몽상적인 색채가 여전히 조금은 남아 있다. 현재까지 남아 있는 진열창은 아케이드보다 소비를 자극하는 매력이 훨씬 농

후하다. 이에 진열창은 자신을 탄생시켜 준 상업 대도시의 물질적 기반을 닦는 데 기여했다. 지금의 우리가 19세기 파리로 돌아가 아케이드 거리에서 무언가에 홀리는 것 같은 생생한 현장감을 경험할 수는 없을 것이다. 하지만 창의력으로 가득한 오늘날 파리의 진열창을 감상하는 것만으로도 200년에 걸친 도시 매력의 변천사를 돌아볼 수는 있을 것이다.

재미있게도 200여 년에 걸친 도시 발전사에서 진열창 디자인 역시 체계를 갖춘 일종의 전문 분야가 되었다. 진열창 디자인은 유효한 판촉 법칙인 AIDCA를 따르고 있다. AIDCA는 다섯 개의 영어 단어에서 앞 글자만 따 합쳐 놓은 것으로 5단계로 구성된 비즈니스 논리다. 순서대로 나열해 보면, Attention주의, 길을 걷고 있는 잠재적인 소비자의 시선을 잡아끄는 것, Interest흥미, 잠재적인 소비자의 호기심을 불러일으키는 것, Desire수요, 환상을 불러일으키는 것으로, 잠재적인 소비자가 진짜 소비자로 전환되도록 만드는 갈망, Conviction or Confirmation설득 때로는 확인, 소비하도록 요청하는 것, Action행동, 소비를 실천하는 것이다.

언제부턴가 도시민과 타지에서 온 방문객은 자기도 모르는 사이에 비즈니스에 좌지우지되는 꼭두각시가 되었다. 대중매체의 주류 가치에 영향을 받는 대중의 의견처럼 말이다. 이러한 경우에 사용할 수 있는 표현으로 영어 단어인 'window-dresser'가 있다. 진열창 장식가란 뜻이지만 환상을 만들어 일반인을 착각에 빠져들도록 만드는 오늘날의 마술사를 뜻하기도 하며, 대중의 생각을 가지고 노는 것을 풍자할 때 쓰기도 한다. 최근 몇 년 동안 언론정보학자들은 주로 미디어 시티라는 표현으로 다양한 정보를 전달하는 다양한 매체가 넘쳐나는 도시환경을 표현했다. 게다가 '도시가 곧 미디어'라는 표어를 믿고 강조하고 있다. 그렇다면 진열창은 '도시는 곧 미디어'라는 표어의 가장 구체적이고 확실한 증거가 아닐까? 진열창이라는 매체, 즉 미디어가 유행을 선도하고 환상을 불러일으키고 수요를 창출하고 소비를 견인하고 있으니 말이다.

이제 도시에서 느긋하게 걷는 행위에는 명확한 소비 목적이 실려 있다. 도시를 느긋하게 걷는 행동은 더 이상 도시의 몽상가들이 묘사한 프랑스어 단어, Flaneu를 뜻하지 않는다. 현실에서는 오히려 영문으로 된 표현, shopping을 의미한다.

19세기 프랑스 시인 샤를 보들레르는 "도시의 모습이 사람의 마음보다 훨씬 빠르게 변한다"고 탄식했다. 만약 우리가 오늘날 파리의 멋진 진열창을 감상하다가 과거의 파리가 꿨던 꿈과 환상이 담긴 정경에 화답하게 된다면, 어쩌면 그것은 샤를 보들레르의 탄식을 닮은 절로 터져 나오는 감탄사일 것이다.

오스트리아 빈의 진열창. 진열창만으로도 고급스러움이 묻어난다.

파리의 진열창. 진열창에는 제각기 사람들의 소망이 담겨 있다.

13 ADVERTISING COLUMN
모리스 기념비와 리트화쉬조일레

 프랑스 사람들이 모리스 기념비라고 부르는 기둥 형태의 광고탑은 파리를 대표하는 공공시설물 중 하나다. 그런 모리스 기념비를 화폭에 담은 인물이 있다. 바로 러시아 출생인 프랑스 화가 장 베로다. 그는 1880년 모리스 기념비를 주제로 파리 거리 풍경을 여러 폭의 유화에 담아냈다. 화폭에 담긴 모리스 기념비를 보는 순간 누구나 단번에 배경이 파리임을 알 수 있을 정도로, 이 작품들은 파리의 독특한 품격을 잘 보여 줬다고 평가받고 있다.

모리스 기념비는 광고 포스터를 붙이는 공공의 공간이다. 다만 온통 글자로 된 공고물을 붙이는 일반 게시판과는 차별화되어 있다. 모리스 기념비는 처음부터 공연 예술과 관련된 광고만 붙이도록 허용된 공간이기 때문이다. 음악회, 발레 공연, 오페라, 연극 등의 포스터만 —나중에는 영화 포스터도— 붙일 수 있다. 이와 같은 공연 광고는 예술적 감각이 두드러진 포스터로 되어 있다. 제작할 때부터 예술적인 시각 효과를 강조할 갖가지 방법이 동원된다. 그 덕분에 공연 포스터는 도시가 지닌 문화적 매력을 한층 배가시킨다. 그뿐만 아니라 도시의 경관을 더욱 화려하게 만들어 사람들의 마음도 즐겁게 해 준다.

이런 모리스 기념비가 탄생한 건 1860년대다. 처음 광고가 등장한 건 1839년, 즉 나폴레옹 3세 치하의 프랑스 제2 제정 당시 파리 시 정부로부터 공사 총책임자로 임명된 장 샤를 알팡 Jean-charles Alphand 으로부터다. 장 샤를 알팡은 공중화장실과 결합시킨, 철제로 된 광고란을 증설하기 시작했다. 그리고 이것을 '무어 양식의 기둥'이라고 불렀

프랑스 화가 장 베로가의 유화

파리에 있는 모리스 기념비. 프랑스를 대표하는 공공시설물인 동시에 전 세계로 퍼져 나가는 유행이 되었다.

다. 악취가 코를 찌르고 발을 움직일 수조차 없는 좁은 변소와 정보를 편리하게 게시해 전달한다는 취지가 하나로 합쳐지자, 파리 시민들은 볼일을 보고 난 뒤의 편안함에 편리함을 결합시킨 이 독특한 발상에 격렬히 반발하고 비난을 퍼부었다.

이런 상황은 오히려 파리의 인쇄업자인 가브리엘 모리스Gabriel Morris에게 영감을 줬다. 가브리엘 모리스는 1868년에 오로지 광고 기능만 있는 모리스의 광고탑이란 구상을 내놓았다. 그러고는 파리 시내에 광고탑 몇 개를 시험 삼아 설치했다. 그러자 가브리엘 모리스에게 예술 공연 포스터 제작과 인쇄 의뢰가 더 많이 들어오기 시작했다. 무어 양식의 기둥에 많이 실망했던 파리 시민들은 모리스가 시험적으로 설치한 광고탑을 환영했다. 이후 가브리엘 모리스는 광고탑용 포스터와 인쇄물 제작을 독점해 사업으로 발전시켰다. 파리 시 정부로부터 광고탑을 공짜로 설치하는 대신 여기에 부착하는 모든 광고를 그가 경영하는 인쇄공장에서만 제작할 수 있도록 하는 데 동의를 얻어 낸 덕분이었다.

가브리엘 모리스는 혁신적인 발상 덕분에 도시 발전사에 이름을 남긴 것은 물론이고, 새로운 사업 개척이라는 성과도 거뒀다. 그는 가족 기업인 모리스 기념비용 광고를 독점으로 제작하는 회사를 설립했으며, 이 회사는 파리 공연 예술계의 광고 포스터를 100여 년 동안 도맡아 제작했다. 모리스가 세운 이 기업은 1986년 유럽 최대의 도시 시설물 그룹인 JC데코에 매각되어, 지금은 더 이상 가족 기업이 아닌 그룹 소속사다. 그렇다 할지라도 모리스 기념비는 오랫동안 한 회사에서 만든 광고만 부착한 덕분에 도시 사학자들로부터 최초의 도시 거리 시설물로 공인받을 수 있었다.

독일의 수도 베를린에서도 인쇄 상인 에른스트 리트화쉬Ernst Litfaß가 모리스 기념비와 형식과 기능이 거의 똑같은 광고탑을 발명했다. 가브리엘 모리스

(상) 독일에서 19세기 중엽에 등장한 광고탑,
리트화쉬조일레
(하) 독일 베를린에 있는 리트화쉬조일레

보다 훨씬 이른 시기인 1854년이었다. 1855년에는 베를린 가두에 광고탑을 설치하고 보급했다. 독일인들은 이 기둥 형식의 광고탑을 '리트화쉬조일레'라고 불렀다. 당시 베를린 경찰 총감인 칼 루드비히는 리트화쉬에게 이 광고탑을 10년 동안 독점 경영할 수 있는 권한을 부여했다. 이에 오늘날까지도 독일인들은 기둥 형태의 옥외 광고탑을 여전히 리트화쉬조일레라고 부른다. 2005년에는 독일 우정총국에서 리트화쉬조일레의 설립을 경축하기 위해 150주년 기념우표를 발행하기도 했다. 이는 리트화쉬조일레가 정식으로 역사에 편입될 수 있도록 기틀을 다지는 계기를 마련한 것이기도 했다.

과거 베를린은 파리와 어깨를 나란히 한 위대한 대도시였다. 프로이센 왕국1701~1870, 독일 제국1871~1918, 바이마르 공화국1919~1933, 나치 독일1933~1945에 이르기까지 일국의 수도로서 휘황찬란한 역사를 지닌 곳이었다. 하지만 제2차 세계대전 이후 독일이 두 개의 나라로 분할되면서 베를린에도 장벽이 세워졌고, 이로써 베를린은 칼로 잘라 놓은 듯 두 개의 도시가 되었다. 그중 동독에 속한 동베를린은 1949년부터 1990년까지 도이치 민주공화국의 수도가 되었다. 동일 기간에 서독으로 불렸던 도이치 연방공화국은 수도를 본으로 옮겼다. 베를린의 영향력과 지위가 순식간에 하락해 더 이상은 파리와 비교할 수 없는 지경이 된 것이다. 1990년에 동독과 서독이 통일되고 수도를 다시 베를린으로 옮기기는 했지만, 이후 베를린은 장기간 침체에서 벗어나지 못했다. 2001년에 프랑스 문화부장관인 자크 랑이 하루가 다르게 발전하고 있는 베를린을 향해 "파리는 여전히 파리인데 베를린은 더 이상 과거의 베를린이 아니다"라는 유명한 찬사까지 보냈는데도 말이다.

2001년부터 2014년까지 베를린 시장을 역임한 클라우스 보베라이트는 세상 사람들의 관심과 사랑을 끌어모으기 위해 2004년 "베를린은 가난하기는 해도 섹시하다"는 구호를 내놓았다. 이 구호만 봐도 베를린이란 도시가 재건을 위해 얼마나 힘든 과정을 거쳤는지 알 수 있다. 베를린은 분열, 경제적인 궁핍을 겪으면서 오로지 재건에만 집중한 탓에 한동안 자신을 돌아볼 겨를이 없었다. 그사이 영원히 변하지 않는 파리의 후광이 변화를 향해 몸부림치는 베를린의 존재를 덮어 버렸다. 마찬가지로 뒤늦게 탄생한 모리스 기념비라는 이름이 먼저 등장한 리트화쉬조일레의 존재를 덮어 버렸다.

오늘날의 유럽 도시에는 거리 시설물인 광고탑이 보편적으로 설치되어 있다. 광고탑은 빈, 마드리드, 암스테르담, 취리히 등 유럽 대륙을 넘어 신대륙인 샌프란시스코, 뉴욕, 아시아의 마카오에서도 볼 수 있는 거리 시설물이 되었다. 그런데 모두 약속이라도 한 듯이 이 광고탑을 모리스 기념비 또는 한 술 더 떠 파리에서 온 모리스 기념비라는 이름으로 부르고 있다.

아름답고 독특한 형태의 광고탑을 부르는 보편적인 이름 뒤에는 소리 없이 요동쳐 쉬이 드러나지 않는 유럽 각 도시의 경쟁과 쇠락의 물결이 흐르고 있다.

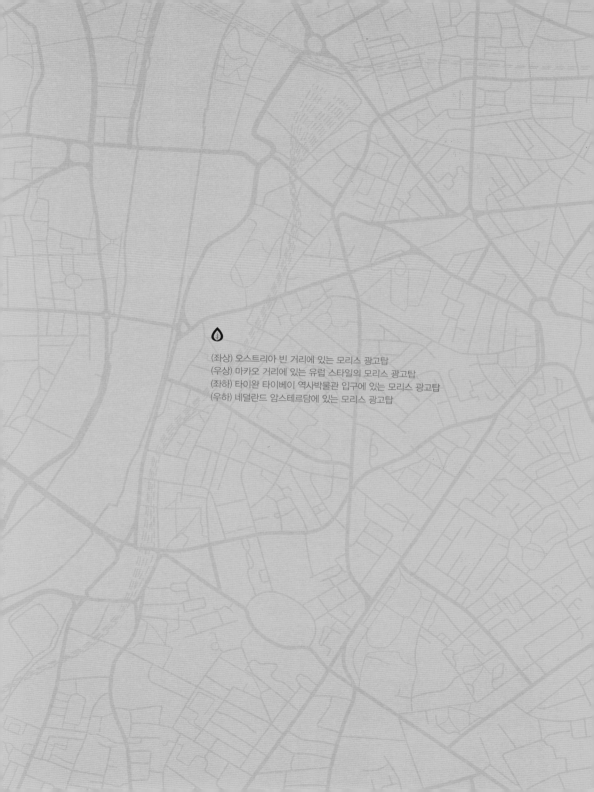

(좌상) 오스트리아 빈 거리에 있는 모리스 광고탑
(우상) 마카오 거리에 있는 유럽 스타일의 모리스 광고탑
(좌하) 타이완 타이베이 역사박물관 입구에 있는 모리스 광고탑
(우하) 네덜란드 암스테르담에 있는 모리스 광고탑

제4부

**교통의
도시화**

14 BUS RAPID TRANSIT
쿠리지바의 길

교환은 도시의 가장 중요한 기능이다. 물론 자원과 기회가 고도로 집중된 도시에서는 다른 종류의 활동, 즉 투자, 생산, 소비, 관리 등 역시 대단히 중요하기는 하다. 그런데 효율과 가치가 결여된 활동이라면, 더구나 이 활동의 산물들을 창의적이고 혁신적으로 교환할 방법을 찾아내지 못한다면 도시는 어떻게 될까? 아마도 도시가 원활히 돌아가는 데 심각한 문제가 발생할 것이며, 지속적인 발전도 담보할 수 없을 것이다.

도시 시스템에서 교환의 원소인 교통은 시각화된 도시의 유동 패턴이며 동시에 도시의 발전 방식을 결정짓는 가장 중요 부분이다. 사실상 도시의 규모가 부단히 확대되고 날로 복잡해지면서 도시 내부의 연결과 상호작용이 날로 중요해지고 있다. 이는 거의 모든 부문에서 자급자족이 불가능하기 때문에 빚어진 현상이다. 따라서 도시는 반드시 전체적인 조화를 유지하면서 미묘하고도 동태적인 평형을 이뤄야 한다.

이러한 관점에서 21세기에 나타난 도시 교통의 발전을 살펴봤을 때, 우리는 다음과 같은 타성적인 주류 사조를 진지하게 반성해 봐야 한다. 우선 서양에서 200년 동안 전 세계의 발전을 정의하는 데 사용한 두 가지 핵심 단어, 즉 '시장'과 '민주'를 과거의 우리가 신뢰하기만 하고 전혀 의심하지 않은 점이다. 또 하나는 미국을 가장 모범적인 사례로 삼았다는 점이다. 이렇게 축소되고 왜곡된 맹목적인 신봉 때문에 통제가 불가능한 트랜스포머의 디셉티콘이 나타났다면, 이미 단서가 되었던 중대한 역사적 반전, 즉 탈서구화와 탈미국화를 진지하게 직시했어야만 했다. 그리고 적어도 도시 교통에서만큼은 그렇게 되어야 했다.

미국 서부의 요충지 로스앤젤레스를 예로 들어 살펴보자. 이 대도시 면적의 3분의 1과 도심 지역의 3분의 2는 모두 도시 학자가 말하는 공간 잠식자로 구성되어 있다. 공간 잠식자는 도로, 고속도로, 교통로, 연결 차도, 주차장, 차고, 주유소, 차량 정비소, 휴게소 등을 이른다. 물론 로스앤젤레스에도 이 지역을 상징하는 지하철과 공용 버스가 있다. 하지만 이 도시에 수백만이나 거주하다 보니, 대중적인 운송 수단은 없는 것과 마찬가지가 되었다. 대신 시장경제와 개인주의, 민주적 선택으로 상징되는 자가용이 횡행하게 되었다. 이에 도시는 자가용 전용 공간을 셀 수도 없이 많이 만들었으며, 그 결과 자가용은 다시 자가용에게 둘러싸이고 파묻히게 되었다. 그뿐만 아니라 자가용이 만들어 낸 매연은 대기를 오염시켜 로스앤젤레스에서 악명 높은 미세먼지의 주범이 되었다.

어떤 사람은 로스앤젤레스를 일러 자가용에 의해 창조되었지만 다시 자가용에 의해 파괴되어 가고 있는 곳이라고 했다. 또 어떤 사람은 로스앤젤레스에서는 두 사람이 우연히 마주치는 기회는 거의 제로에 가깝다고 했다. 이 도시는 사실 거대한 변두리 지역이기 때문에 느긋하게 걸어 다닐 만한 도심이 없다고도 했다.

이처럼 로스앤젤레스가 자기 파멸이라는 레퍼토리를 상영하는 동안 제3 세계의 도시는 자신들이 처한 한계에서 벗어나려 노력했다. 그 결과 도시 교통과 관련해 가장 주목받는 깨달음이 미국으로부터 나왔다. 바로 남미에서 운행되는 BRT_{Bus Rapid Transit}다.

BRT의 원조는 브라질의 쿠리치바에 있다. 브라질 남부의 중요 도시인 쿠리치바는 1974년에 건축가 출신인 자이메 레르네르 시장이 고안한 통합 교통 네트워크_{RIT, Rede Integrada de Transporte}를 도입했다. RIT는 생선뼈를 본떠 만든 교통 체계다. 즉 세로축에 중심이 되는 공용 버스 전용 도로를 배치하고 가로축에 환승을 위한 소형 버스용 전용 도로를 배치한 것이다. 이와 같은 교통 체계는 도시의 교통 문제를 성공적으로 해결해 줬다. 엘리트 리더를 통한 도시 공공 교통 혁명의 서막이었다.

쿠리치바는 라틴아메리카에 있는 많은 도시의 롤 모델이 되었다. 2000년에 콜롬비아 수도 보고타에서 트랜스밀레니오라는 BRT 도로망이 구축되었다. 그러자 전 세계 도시는 BRT에 깃든 심층적인 가치관을 다음과 같이 이해하기 시작했다. 'BRT는 종종 가난한 사람을 위한 지하철일 수는 있지만, 단순히 가난한 사람만을 위한 지하철은 아니다', 'BRT의 설계 개념이 지하철을 대체하고 지하철의 사전 계획—업계에서는 이 계획을 프리 매트로라고 부른다—이 된 건 우연의 일치다', 'BRT 설계 개념은 지하철, 경전철, 기타 공공 운수 수단과 적극적으로 결합해 일종의 입장과 태도를 표현해야만 한다.' 여기서 언급한 입장과 태도란 공공 교통을 우선시하는 것을 이른다. 다시 말해, 도시의 유한한 공간 자원을 시장의 보이지 않는 손이 자의로 분배하도록 내버려 둬서는 안 된다는 생각이다. 특히 먼저 부를 획득한 소수자들이 계속해서 부익부빈익빈을 심화시켜 민주 질서와 공공 정책 결정을 어지럽히고, 도시의 교통 발전을 왜곡하도록 내버려 둬서는 안 된다는 뜻이다. 이 말들을 간략히 정리해 보면, 변형된 시장과 변형된 민주주의가 초래한 도시의 과도한 자가 용화 현상에 대항해야 한다는 의미다.

브라질 쿠리치바에 있는 RIT.
건축가 출신인 자이메 레르네르 시장이 고한한 통합교통네트워크다.

이와 같은 노력 덕분에 우리는 세계 각국 도시에서 다양한 형태로 재탄생한 BRT를 볼 수 있게 되었다. 다시 말해 파리, 런던, 로마, 전통적인 수상 버스라는 독특한 형식의 현대적인 도로 네트워크를 지닌 베네치아, 오스트레일리아의 애들레이드에 있는 O-bahn, 중국의 샤먼, 타이완의 타이베이 등에서 BRT라는 새로운 시스템과 도로 교통 네트워크로 구축된 도시의 새로운 랜드 마크를 볼 수 있다. 이렇듯 BRT는 21세기 도시에 속한 교환의 의미와 도시 발전을 새로이 반성하도록 했으며, 매우 중요한 시기에 새로운 반전을 일으켰다.

(상) 콜롬비아 수도 보고타에 있는 쿠리치바를 본따 구축한 BRT 도로망 '트렌스밀레니오
(중) 베네치아의 수상 버스
(하) 파리의 버스 전용차로

15 BUS STOP

옴네스 옴니버스

도시의 발전 역사가 유구한 것과는 대조적으로 도시의 공공 교통은 비교적 늦게 등장한 편이다. 사료를 살펴보면, 17세기 프랑스의 유명한 학자 블레즈 파스칼이 1662년에 루이 14세에게 특허를 받아 파리에 다섯 개 노선의 5솔 마차를 운행하기 시작했다 —이 마차 운행 서비스는 고정적인 노선과 정해진 출발 시간, 저렴한 요금, 계급에 상관없이 탑승할 수 있다는 장점 덕분에 도시 공공 교통의 기원으로 여겨지고 있다—. 그런데 블레즈 파스칼은 이 대단한 업적을 시작한 지 얼마 되지 않아 세상을 떠났고, 결국 그가 시작한 마차 사업은 흐지부지되고 말았다. 그러자 파리 시 정부가 공공 마차 사업을 인수해 직접 관리하기 시작했다. 파리

시 정부는 가장 먼저 탑승료부터 올렸다. 의회에서는 탑승자의 신분과 지위를 관리하기 시작했으며, 의원과 귀족에게 우선 탑승할 권리를 부여했다. 이뿐만 아니라 의회에서는 낮은 계급의 군인, 하인, 전문적인 노동에 종사하지 않는 계급 등 사회적인 지위가 비교적 낮은 사람들의 탑승을 금지했다. 그러자 마차 서비스가 지녔던 공공의 의미는 모두 사라지게 되었고, 결국 1677년에 이르러 5솔 마차는 더 이상 운행되지 않게 되었다.

그로부터 공공 교통 서비스는 거의 150년 동안 침체기를 겪었으며, 1824년이 되어서야 영국 상인인 존 그린우드 덕분에 다시 시작될 수 있었다. 존 그린우드는 영국에서 맨체스터와 리버풀 두 도시를 오가는 유료 마차 운행 서비스를 시작했다. 계급에 따라 마차 승객을 차별하거나 격리하는 조치는 취하지 않았다. 그 덕분에 존 그린우드의 마차 운행 서비스는 세계 최초의 현대적인 공공 마차로 공인받았다.

그런데 존 그린 우드의 초기 마차 서비스는 도시 간 마차 운행에 국한되어 있었다. 진정한 의미의 도시 공공 교통으로 발돋움한 시기는, 마차 운행 사업이 성공적인 궤도에 올라 맨체스터와 그 인근 도시를 오가는 노선이 증설되고 확장되면서부터다. 이후 프랑스에 있는 도시에서도 공공 교통 서비스가 다시 등장했다. 1826년에 낭트에서 그리고 1828년에 파리에서 존 그린우드의 영국식 공공 마차 서비스가 시작되었다.

그런데 여기서 하나 짚고 넘어가고 싶은 점은 영국이든, 프랑스든, 아니면 후발주자인 독일이나 오스트리아, 기타 유럽 국가에서든 도시 공공 교통의 초기 이름은 모두 옴니버스Omnibus였다는 사실이다. 일설에는 1826년 프랑스 낭트시에서 설립한 첫 번째 공공 마차 노선의 탑승 위치가 옴네스Omnes라는 상호명의 모자 상점 앞이었는데, 상점 이름에 영감을 받은 마차 운영자가 탑승자를 불러 모으기 위해 눈에 쉽게 띄는 팻말을 만들고 그 위에 글자를 써 넣었는데, 그것이 바로 옴네스 옴니버스Omnes Omnibus였던 것이다. 이는 라틴어로 '모두를 위한 모든 것'이란 의미다. 17세기 계몽 시대에 유럽 대륙에서 유행한 구호, '모두를 위한 하나, 하나를 위한 모두Unus pro omnibus, omnes pro uno'라는 평등과 공공 정신이 가득 담긴 구절에서 나왔다.

현대화와 도시화가 진행되자 도시의 공공 교통도 점차 보편화되었다. 교통 도구를 끄는 도구는 말에서 시작해 증기기관으로 신속하게 진화했으며, 다시 전력과 액체 연료를 동력으로 삼는 방향으로 진화했다. 아울러 궤도를 가설하는 여부에 따라 공용 버스, 무궤도 전차, 궤도 전차 그리고 버스 전용 도로 등등으로 세분화되었다. 공공 교통은 현대 도시를 돌아가게 하는 중요한, 더 나아가 필수불가결한 원소가 되었다. 그리고 정류장, 정거장도 절대 없어서는 안 되는 도시의 도로 시설물이 되었다.

(좌) 19세기 말 파리 북새통을 이루고 있는 공공 마차역의 모습
(우) 20세기 초 파리 전차 정거장의 풍경

최초의 정류장은 분명 무척이나 간소하고 남루했을 것이다. 아마도 정류장임을 알리는 표지판만 덩그러니 놓여 있거나 인도 위에서 차를 기다리는 승객들이 서 있을 일정 공간 정도였을 것이다. 정류장에서 가장 중요한 것은 이름이었을 것이다. 그렇다면 정류장 이름은 어떻게 정해지는 걸까?

우선 정거장 인근 주민의 입장에서 생각해 보면, 지역민의 동의를 얻어야 한다. 거주민들에게 자부심을 심어 주는 이름일 필요는 없다. 하지만 적어도 대표성을 지니고 있으며, 거주민에게 인정받기는 해야 한다. 관점을 바꿔 일반 승객의 입장에서 생각해 보자. 정류장 이름은 지역 식별을 하는 데 도움이 되어야 한다. 그러므로 가장 좋은 이름은 인지도가 높은 지명, 도로명, 장소명이어야 하며 동시에 다른 정류장과 헷갈려서는 안 된다.

도시 공간이 점차 질적으로 개선되고 사용자 의식도 향상되자 정류장이 있던 자리에는 비바람을 막아 주는 부스 같은 시설물이 들어섰고 대기 의자도 등장했다. 이와 동시에 도시 건축이 지닌 미학적인 가치가 날로 중시되면서 기발한 아이디어를 동원해 만든 독특한 디자인의 정류장이 많이 들어섰다. 정거장에 사용된 재질은 대부분 강화유리였다. 유리가 지닌 시각적인 투과성이 편안함을 느끼게 해 주므로 도시의 고유 특성인 혼잡함을 상쇄시킬 수 있기 때문이었다.

오늘날 여러 정류장에서는 정태적인 그림 형식의 자료와 동태적인 정보 시스템을 제공하고 있다. 정태적인 그림 형식의 자료란 버스 노선, 버스 정류장, 셔틀 노선, 지역 지도 등을 의미한다. 동태적인 정보 시스템이란 차량의 현재 위치, 현재 도로 상황, 다음 역 도착 예상 시간, 다음 차량의 정류장 도착 시간 등을 알려 주는 것을 이른다. 이와 같은 정보는 앱에 연결해 제공받을 수 있다. 과학기술이 발전하고 응용되면서 도시의 가장 중요한 교환 요소인 공공 교통이 시민 생활과 더욱 긴밀하고 유효하게 결합되고 있는 것이다.

　　과거 어느 예언자는 과학기술이 발전하면서 "네트워크가 도로를 대체할 것"이라고 예언했다. 하지만 실제 경험에 비춰 보면, 네트워크 활동과 과학 진보라는 눈부신 발전은 도시 교통의 발전을 억제할 수 없었다. 오히려 나름의 특별한 방식으로 사람과 사람, 사람과 도시 활동, 사람과 도시환경의 상호작용을 독려한 것 같다. 이와 같은 이유로 나는 도시가 지속적으로 긍정적인 방향으로 발전할 것이라 믿는다. 따라서 도시의 교통과 도시의 정류장도 긍정적인 방향으로 발전할 것이다.

(좌) 오스트레일리아 멜버른에 있는 정류장 표지판
(우) 타이완 타이베이에 있는 버스 정류장
(하) 브라질 쿠리치바에 있는 유리 재질로 된 원통형 정류장

16 SUBWAY AND METRO
도시화가 만든 유동 미학

전 세계가 도시화하고 있음을 알려 주는 중요한 특징 중 하나가 지하철이다. 그렇다면 우리는 지하철을 관찰해야 한다. 관찰해야 할 첫 번째 과제는 지하철이란 이름의 유래와 관련이 있다.

첫 번째 지하철은 1863년 런던에서 출현했다. 당시 이름은 언더그라운드 레일웨이_{지하철로}였다. 두 번째 지하철은 1868년 뉴욕에서 출현했으며, 미국인들은 이것을 서브웨이라고 불렀다. 두 앵글로색슨족의 후예가 건설한 도시들이 손을 맞잡고 지하철이라는 명칭을 확립한 것이다. 이후 독일어의 U-bahn, 스웨덴어의 T-Bana, 여기서 더 나아가 일본의 치카테츠_{地下鐵}, 중국 대륙과 홍콩의 디테地鐵는 모두 '지하철로를 이용해 운행한다'는 뜻을 강조하고 있다.

그러나 지하철의 정의는 사실 다른 지면의 교통에 간섭을 받지 않는, 격리된 전용 통행권에 초점이 맞춰져 있다. 이와 같은 통행권은 교통공학 용어로는 A 타입 통행권이라고 하며, 최고 등급의 전용차도를 의미한다. 즉, 교차로나 신호등이 없고, 차 막힘 현상도 없으며, 여타의 교통수단과 공유하지 않는 전용 통행 공간을 이용하므로 빠르게 이동할 수 있다. 앞서도 언급했다시피 타이베이 시는 지하철의 명칭을 대중 첩운이라고 이름 붙였다. 첩捷, 빠를 첩; Rapid이란 단어를 사용한 이유는 Rapid라는 영어 단어에 단순히 속도 차원에서 빠르다는 의미만 있는 게 아니라, 막힘없이 원활하게 운행한다는 의미도 있어서다.

이론적으로만 보면 이와 같은 전용 통행권은 지면, 고가 도로 또는 지하 차도에도 적용할 수 있다. 그런데 막상 도시에 교차로가 없는 평면의 전용 도로를 건설하려 한다면, 사실상 거대한 장애에 부딪힐 수밖에 없다. 일반적인 도시 교통도 큰 혼란에 빠지게 된다. 지하 차도는 흔히 볼 수 있는 반면 고가 도로는 그렇지 않은 이유가 여기에 있다. 시카고의 엘레베이트 트레인, 캐나다의 벤쿠버의 스카이트레인, 독일 부퍼탈의 현수식 철로인 쉬베베반이 대표적으로 고가 철도 위를 달리는 전철이다.

1900년에 개통된 파리의 지하철은 완전히 새로운 이름을 지니고 있었다. 바로 쉬멩 드 페르 메트로폴리텡이라는 명칭으로, 도시적인 성격이 강조되었다. 그런데 세계의 주요 언어에서 대도시라는 단어의 철자가 유사하다 보니 줄임말을 사용할 때 거의 모두 메트로Metro라고 쓰기 시작했다. 그래서 메트로라는 단어가 어디에서나 받아들여지고 통용될 수 있었다.

더 쓰기 편한 메트로가 국제적으로 지하철을 이르는 명칭이 되자 파리에서는 원래의 명칭보다 더 빈번히 사용되기 시작했다.

　이에 현재의 파리 지하철역 일부 출입구에서는 아직도 19세기 아르누보 양식의 대도시를 뜻하는 프랑스어 표지판을 볼 수 있다. 다른 한편으로는 건축가 피에르 데르보가 디자인한 '샹들리에 드 데르보'라고 불리는 도시 지하철 표지판 겸 가로등도 볼 수 있다. 타이완의 타이베이 다중첩운공사가 자신들의 기업 브랜드를 메트로 타이베이로 정한 것도 비슷한 맥락에서 생각해 볼 수 있다.

(좌) 프랑스 파리 지하철 '샹들리에 드 데르보'에 있는 METRO라고 적힌 표지판 겸 가로등
(우) 프랑스 파리 지하철역의 표지. Metropolitan 단어 전체를 표기했다.

프랑스 파리 지하철역의 표지. Metro만 표기했다.

지하철 표지를 살펴볼 때 지하철이란 이름과 연관 지어 살펴보면, 디자인의 전체 의도가 명확히 들어온다. 영국 런던 지하철의 표지 디자인을 보면, 우선 푸른색 바탕에 Underground라는 흰색 글자가 쓰여 있다. 그리고 글자 아래에 붉은색과 흰색으로 된 과녁이 둘러쳐져 있다. 미국 뉴욕에서는 아예 가로등에 SUBWAY라는 글자를 넣어 지하철 표지를 만들었다. 파리에서는 Metropolitain이란 전체 명칭과 축약어인 Metro로 된 표지를 모두 볼 수 있다. 중국 상하이 지하철의 표지를 보면, Metro의 M 자를 독특한 형태로 변형시켜 놓았다. 일본 도쿄의 지하철 표지에는 양방향 교통임을 강조하기 위해 SUBWAY의 S를 변형시킨 로고가 그려져 있다.

표지 디자인 가운데 가장 재미있는 예는 홍콩 지하철에서 볼 수 있다. 木이란 한자를 상하로 삐죽 튀어나온 전자체 형태로 변형시켜 놓았다. 일설에는 '地땅지'와 '鐵철 철'이 오행의 '土흙토'와 '金쇠금'에 속해 있어, 오행상의 조합과 풍수지리적인 배치를 고려해 '木' 자를 써넣었다고 한다.

앞서 언급한 것들 외에도 일반적으로 지하철의 표지를 디자인할 때는 막힘 없는 유동성, 밀접한 연계성, 효율, 속도감, 현대적인 느낌 등 일반인들이 지하철 시스템에 대해 지닌 고정적인 인상을 강조할 수밖에 없다. 이후에 지하철이 있는 국내외 도시를 여행하게 된다면, 색다른 안목으로 표지 안에 추상적으로 표현된 도시의 유동 미학을 감상해 보는 건 어떨까? 이전과는 다른 수확이 있지 않을까?

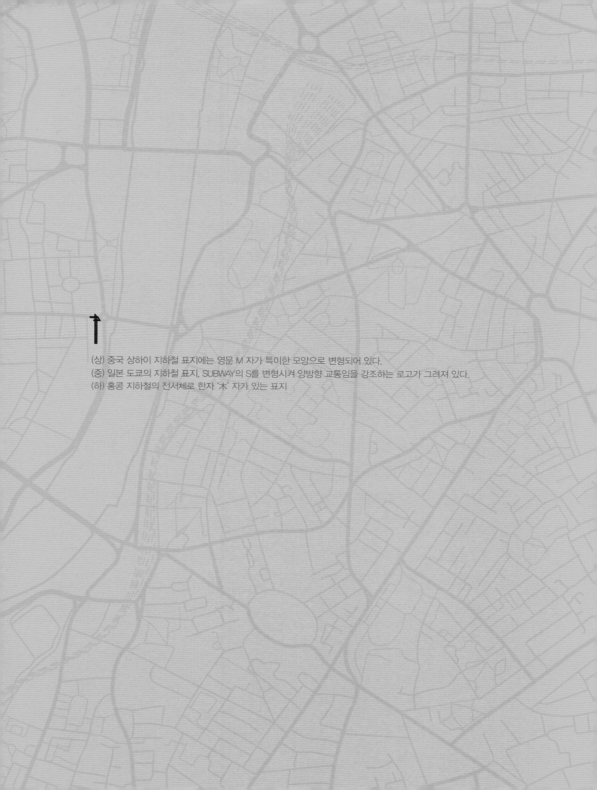

(상) 중국 상하이 지하철 표지에는 영문 M 자가 특이한 모양으로 변형되어 있다.
(중) 일본 도쿄의 지하철 표지. SUBWAY의 S를 변형시켜 양방향 교통임을 강조하는 로고가 그려져 있다.
(하) 홍콩 지하철의 전서체로 한자 '木' 자가 있는 표지

17 MOVING LANDSCAPE
도시, 사람에게 돌려주다

유동하는 경관Moving Landscape이란 개념은 '유동하는 랜드 마크'라는 표현을 변화시킨 것이다. 유동하는 랜드 마크라는 단어를 처음으로 들은 시기는 젊은 시절 파리공공운수국에서 엔지니어로 일할 때였다. 1993년 연말, 고문 팀에 들어가 경전철 프로젝트에 참여하기 위해 프랑스 동부의 대도시 스트라스부르로 파견을 나갔다. 그리고 당시 시장이었던 카트린느 트로트만이 주최한 회의에 참석했다. 회의에서 카트린느 트로트만 시장은 시 운영과 관련한 자신의 바람을 설명했다. 바로 스트라스부르에서 한창 공사 중인 경전철이 이 도시의 유동하는 랜드 마크가 되도록 해 달라는 바람이었다. 프랑스와 독일 접경지라는 지리적으로 중요한 도시에서 이 여성 시장은 처음부터 프랑스어로 회의를 이끌고 있었다. 그러던 중 갑자기 유동하는 랜드 마크라는 표현에서는 독일어로 발음했다. 그리고는 회의석상에서 유일하게 동양인인 나를 곁눈질로 슬쩍 쳐다보더니, 순식간에 게르만식의 냉담하고 딱딱한 표정을 부드럽게 바꾸고는 친절하게 영어로 설명을 덧붙였다. 바로 "Moving Landmark!"라고 말이다.

유동하는 랜드 마크라는 표현은 정말로 아름다운 용어였으며, 이전에는 접해 본 적 없는 참신한 개념이라 내 머릿속에 깊이 각인되었다. 그리고 오랫동안 우리에게 익숙했던 도시 발전의 관건적 두 요소를 향해 던진 도전장이기도 했다. 도시 발전의 관건적인 두 요소 중, 우선 랜드 마크부터 살펴보자. 랜드 마크의 가장 원시적인 정의는 항해할 때 좌표가 되는 자연물 또는 인공 구조물이다. 랜드 마크가 되는 자연물이나 인공 구조물은 주변 환경과 비교해 볼록 솟아 있어야 한다. 그래야 멀리 떨어진 곳에서도 한눈에 띄어 방향의 기준으로 삼을 수 있다. 대표적으로 남아프리카공화국의 케이프타운 반도에 있는 '희망봉'과 고대 7대 불가사의 중 하나인 '알렉산드리아 등대'를 언급할 수 있다.

이와 같은 랜드 마크를 도시라는 영역 안으로 끌어들여 살펴보자. 일반적으로 사람이 만들어 놓은 거대 건축물이나 우뚝 솟아 있는 기념비가 도시의 랜드 마크가 된다. 이러한 인공 건축물은 강렬한 상징성을 지니고 있다. 아울러 다수가 공유할 수 있는 집단적인 그리고 충분히 쉽게 기억하고 전승할 수 있는 일종의 공공 이미지를 지니고 있다. 이와 관련해 일부 도시 사학자들은 고대 이집트의 오벨리스크를 예로 드는 걸 좋아한다. 오벨리스크를 도시 랜드 마크의 원형으로 보기 때문이다. 그들은 랜드 마크가 지녀야 할 특징을 다음과 같이 설명했다.

"도시 광장 중앙에 세워진 오벨리스크는 바닥은 굵은 사각 기둥 모양이며 위로 가면서 가늘어지고 끝으로 가면서 뾰족해지는 모양이다. 그래서 쉽게 사람들의 이목을 집중시켰다. 게다가 오벨리스크의 형태에서 뿜어져 나오는 위용은 사람들을 압도해 자신을 미약하게 느끼도록 만들거나 오벨리스크를 숭배하도록 만들었다."

고대 이집트의 오벨리스크처럼 강한 남성적 특징을 지닌 사유 방식을 여성적인 사유 방식으로 바꾸는 것, 이 점이 스트라스부르 경전철 프로젝트가 추구하는 유동하는 랜드 마크의 요지였다. 즉, 이 랜드 마크는 한 지역에 고정되어 있어서는 안 되며 항상 이동해야 했다. 절대 우뚝 솟아 있어서는 안 되며, 지면에 반듯하게 누운 형태여야 하고, 쉽게 만날 수 있고 또 친근해야 했다. 또한 소수에게 독점되어서는 안 되며 개방적이고 공공을 위한 것으로, 사실상 처음부터 공공의 운수 시설이어야 했다.

스트라스부르 경전철의 색상은 파스텔 톤의 녹색으로 선정되었다. 녹색은 중성적인 색상으로 따뜻하면서 동시에 차가운 색상이다. 그리고 녹색은 전통

스트라스부르의 '유동하는 랜드 마크'인 경전철

적으로 신호등에 쓰이는 색상으로 지나가도 됨, 행동에 동의함이라는 의미를 갖고 있다. 경전철의 수많은 구간에 잔디를 깔고, 6개 노선 양측에는 8,000주 이상의 나무를 새로 심었다. 이와 같은 결정은 환경 보호와 도시 자연화라는 개념과도 부합했다.

아울러 콘크리트와 철근으로 만들어진 회색의 건축물과도 확연한 대조를 이뤘다. 전철 창문은 거의 바닥까지 내려오도록 디자인되었다. 모두 승객들이 도시 바닥에 펼쳐진 아름다운 경관과 거리에 있는 사람들의 움직임을 볼 수 있도록 하기 위해서였다. 또한 높은 투과성을 통해 도시와의 상호작용을 훨씬 용이하게 만들고, 공공 운수 설비를 도로와 연계하는 이상적인 상황을 현실화하기 위해서였다. 물론 차량 디자인은 더 아름답고 현대적이어야 했으며, 오랫동안 새것처럼 보여야 하므로 유지 보수가 쉬워야 했다. 왜냐하면 경전철이 유럽의 녹색 수도라고 불리는 이 도시에서 유동하는 랜드 마크가 되어야 했기 때문이다.

지금까지 스트라스부르 경전철이 도시 발전의 관건적 두 요소에 던진 도전장 중 하나, 즉 랜드 마크를 살펴봤다. 이제 스트라스부르 경전철의 두 번째 시대적 도전 과제를 살펴보는 일만 남았다. 두 번째 시대적 도전 과제는 도시 공공 운수를 심도 있게 검토하는 것이었다. 노면 전차는 유럽인에게는 전혀 낯선 교통 운수 수단이 아니다. 노면 전차는 제2차 세계대전 이전에 도시의 주요 공공 운수 수단이었다. 그렇다고 해서 카트린느 트로트만 시장의 경전철 프로젝트가 단순히 과거로의 회귀는 아니었다. 그녀가 경전철을 통해 강조하려던 것은 심도 있는 도시의 의미 사회 정의 그리고 사람 사이의 공평함이었다. 깊이 반성할 줄 아는 시장이 보기에 20세기 말의 스트라스부르 시민들은 거리 함락이라는 위기에 놓여 있었다. 이는 카트린느 트로트만 시장이 과거에 내걸었던 유명한 구호만 봐도 잘 알 수 있다.

"거리와 도로를 건설하는 목적은 사람을 수송하기 위해서지, 차량을 수송하기 위해서가 아니다!"

여기에는 도시란 사람에게 속한 것이므로 거리는 반드시 사람이 걸어 다닐 수 있는 곳이어야 한다는 의미가 담겨 있다. 또 다른 관점에서 해석해 보면, 효율적으로 다수의 사람을 실어 나르는 차량, 즉 공공 운수 차량이 우선적으로 주행할 수 있어야 한다는 뜻이기도 하다. 또한 공간을 차지하면서 소수의 사람에게만 서비스를 제공하는 자가용의 수량은 늘어나서는 안 되며 제한되어야 한다는 의미도 있다. 이와 같은 신념을 바탕으로 카트린느 트로트만 시장은 스트라스부르 시민들을 모아 그들과 함께 자가용에 대항했다. 그리고 도시를 사람들에게 돌려주기 위해 경전철 노선과 결합한 보행자 전용 구역의 비중을 늘려 거리의 생기를 되찾기 위해 노력했다.

스트라스부르 경전철 프로젝트가 성공하자 사람들은 새로운 시각으로 지상 전철을 인식하기 시작했다. 그렇다면 이제 유동하는 랜드 마크뿐만 아니라 많은 사람에게 공공의 이미지가 된 유동하는 경관도 생겼음을 알아챘을 것이다. 유동하는 경관 중 일부는 옛 모습을 고스란히 간직하고 있다. 1873년부터 사용하기 시작한 샌프란시스코의 노면 케이블카와 1892년 스트리트카, 1887년 유럽 대륙 가운데 헝가리에서 최초로 사용하기 시작한 전차, 1902년 개통된 도쿄 인근의 고풍스런 전차 에노덴江之電, 1904년에 도입되었고 전 세계에서 유일하게 전량 이층 차량을 운행 중인 홍콩의 트램 등이 있다.

유동하는 경관 중 또 다른 일부는 스트라스부르를 통해 살펴본 것처럼 미래 지향적이다. 예를 들어 프랑스 보르도와 파리, 벨기에 브뤼셀, 네덜란드 암스테르담, 독일 베를린 그리고 대륙을 뛰어넘어 오스트레일리아 멜버른에서 큰 도로와 작은 골목을 누비고 있는 신형 경전철 시스템처럼 말이다. 20년 전에 탄생한 단어 '유동하는 랜드 마크' 그리고 그보다 나중에 세상의 멋진 기풍으로 자리 잡은 '유동하는 경관', 이들을 통해 다음과 같이 생각의 전환을 해 보자.

'한 곳에 머무르지 않고 유동하는 도시의 풍경을 감상하며 이런저런 생각을 해 보는 것 역시 여행의 목적이자 여행을 즐기는 방법이 될 수 있다.'

(상) 프랑스 보르도의 경전철
(좌) 독일 베를린의 경전철
(우) 오스트리아 빈의 트램 시스템

희망의 교통

우리는 항상 스트라스부르가 유럽의 희망이라고 말합니다. 그런데 역사와 지리적으로 문화의 갈림길에 있는 이 도시에 대해 토론할 때마다, 우리는 발전의 갈림길에서 희망이라고 불리는 공공 운수와 만났을 때 발생할 일들에 관해서는 거의 이야기를 나누지 않았습니다. 희망의 교통이라는 표현을 사용한 이유는 저로서는 이보다 더 좋은 이름을 생각해 낼 수 없어서였습니다. 왜냐하면 우리가 희망하는 것에는 일종의 관용적인 표현, 다른 세계를 향해 활짝 펼친 희망의 날개, 실험에 대한 갈망이 모두 담겨 있기 때문입니다.

저는 과장되게 해석하려는 마음은 전혀 없습니다. 하지만 저에게는 공공 운수와 도시 교통을 위해 스트라스부르가 한 선택을 모두가 충분히 이해해 줬으면 하는 바람을 가지고 있습니다. 스트라스부르의 선택은 편협한 비용 효익 계산식의 논리만을 준수한다거나 소위 운수 경제학이라고 부르는 방향만을 따른 게 아니기 때문입니다. 조금 더 깊이 들여다봤을 때, 우리의 정책 결정은 사실 도시에 대한 정치적인 계획이기 때문입니다.

도시의 역사를 거슬러 올라가 보면, 도시는 사람들이 활동하는 장소였습니다. 모든 활동은 남성과 여성이 일정 정도 만나고 상호작용하는 것을 포함하고 있었습니다. 활동의 주요 목적은 도시 안에서 사회적인 교제를 얼마큼 밀도 있게 이어 가느냐에 있었습니다. 이와 같은 관점에서 살펴보니, 도심과 도시 외곽 공간을 구성하는 것의 중요성이 명확히 보였습니다. 활동을 위한 장소라는 도시의 정의는 화물·상품과 운수·유통에서도 마찬가지로 적용되었습니다. 다시 말해 활동의 적재 중량을 견뎌내는 네트워크가 도시 발전에 구조적으로 영향을 미쳤다는 사실을 알 수 있었습니다. 그리고 다시 사람이라는 의제로 돌아와 살펴보니, 도시의 발전에 자동차가 과도할 정도의 결정권을 가지고 있었다는 사실을 발견할 수 있었습니다.

그렇다면 이제 우리가 할 일은 각종 운수 수단 사이의 새로운 균형을 찾아내는 것이겠죠. 우선 현재의 한정된 수요의 교통에만 머물지 말고, 도시 운영에 유리한 모델을 생각해 내야 했습니다. 그런 후 동일한 맥락의 구체적인 도시의 운영 모델을 찾아야 했습니다. 그래서 우리는 다음과 같이 자문해 봤습니다. '도시 운영에 영향을 미치는 요소에 적극 개입해 조절하는 방법을 어렵사리 생각해 냈더니 돈은 많이 들고, 항상 진보라고 내세우기만 하고 책임을 지지 않아 손상되는 정책보다 더 의미 있고 가치 있는 새로운 정책을 보여 줄 수는 없는 걸까?'라고 말입니다.

마침내 잘못된 전철을 다시 밟아서는 안 된다고 생각한 덕분에 새로운 도로망, 공용 버스와 자전거 이용률을 높이는 새로운 정책을 도시 헌장에 명확히 기재할 수 있었습니다. 이 헌장에는 보행자를 위한 구역 확대, 자동차 유동량 감소, 시내 운전 시 속도를 시속 50킬로미터 이내로 제한하는 등등 요구 사항이 들어 있습니다. 이는 처음으로 국가 차원에서 이상적인 일부 교통 정책을 요소화한 것입니다. 도시 운영과 우리의 바람이 부합하도록 촉진하기 위해서 말이죠. 우리가 살고 있는 도시에는 물론 우리가 이미 완벽하게 기획하고 확인한 부분이 포함되어 있습니다. 그런데 동시에 엄청난 인내심으로 새로 재편해야 하는 부분도 포함되어 있습니다. 공간 기획에 있어 여전히 모호하기만 한 구역, 분산되어 있는 네트워크, 기능이 모호한 건축물들이 바로 그것입니다. 이와 같은 견해에 따라 생각해 보면, 각기 다른 운송 수단들이 서로 다시 균형을 찾도록 하는 것은 '도시에서의 평등'이라는 염원을 반영한 것입니다. 다시 말해, 사람이라면 누구나 자신이 사는 도시 안에서 지니는 천부인권을 누릴 권리가 있는 것입니다.

우리가 경전철을 선택한 이유는 그것이 라인 강 주변에 자리 잡은 이 도시와 완벽히 융합할 뿐만 아니라 도시 천부인권에 대한 논리를 바탕으로 하고 있기 때문이었습니다. 경전철은 온전히 지상의 궤도에서 운행합니다. 중앙 정거장 구역은 제외하고 말이죠. 유일하게 이 구간만 제외한 데에는 다음의 두 가지 중요한 이유가 있습니다. 하나는 이 정거장 구역의 특수한 도시적인 설계를 고려해서입니다. 다른 하나는 경전철을 도시 간, 국가 간의 철도 운수와 결합해 운영하는 것을 고려해서입니다. 우리는 경전철이 지나가는 모든 노선에 공간 품질을 다시 부여할 것입니다. 아울러 비용의 영향을 받지 않는다는 전제 하에서 활발히 변화하는 도시에 맞는 맞춤 설계를 진행할 것입니다. 앞서 언급한 공간 품질은 도심이든 도시 외곽이든 동일한 기준을 적용 받고 차별 대우를 받지 않을 것입니다.

여러분 모두는 아마도 경전철이 이 도시를 배경으로 만들어 낼 무한히 펼쳐질 항구라는 대강의 윤곽에 이끌렸을 겁니다. 그런데 우리가 기울이려는 노력은 혁신적 발명품을 개발하는 데에만 국한되어 있지 않습니다. 우리가 추구하는 혁신은 새로운 세대의 경전철 시스템 중 스트라스부르의 전철이 1등을 하도록 만들어 줄 것입니다.

전철 프로젝트 계획서에는 중요한 요구 사항 하나가 분명히 기재되어 있습니다. 어쩌면 우리가 굳게 믿는 신앙이라고도 할 수 있는 내용입니다. 바로 "공공 운수가 이루어지는 순간마다 도시의 특성도 매번 드러내겠다"는 꿈을 실현하는 것입니다. 물론 많은 문제점이 있을 것이고 그에 따른 가능성 있는 방안을 고려해 봤습니다. 그럴 때마다 저는 자문해 봤습니다. '만약 이와 같은 희망이 도시의 교통 문제라는 주제처럼 평범하고 낮은 수준의 논증을 통해 탄생한 것이고, 심지어는 비관주의로 흐르고, 과거 설계된 구역에 대해서는 비판하지 않는다면'하고 말입니다. 결론적으로 이와 같은 도시 정책 토론으로는 절대 진정성 있는 해답을 얻지 못한다고 생각했습니다.

그러므로 우리는 우리의 도시를 독특하게 반성하고, 실험하고, 유럽을 위한 희망을 건설하도록 노력했습니다. 아울러 우리의 이웃, 즉 바로 스웨덴의 취리히, 독일의 카를스루에, 네덜란드의 암스테르담이 세운 우수한 모델과 대조해 볼 수 있도록 했습니다.

우리는 프랑스라는 육각형 형태의 나라에서 혁신을 이끄는 사람들입니다. 의심할 필요도 없이 처음에는 관찰자였던 우리가 마지막에는 과거의 전통적인 사고의 틀을 버렸습니다. 저는 개인적으로 '우리가 상대하려는 문제가 광범위했기에 실천할 용기를 얻었다'고 깊이 믿습니다.

— 1995년 1월 19일, 스트라스부르 시에서 거행한, 희망이라고 명명된
공공 운수 개막식에서 한 카트린느 트로트만 시장의 연설사

제5부

도시와
사람이 빚은
예술

18 URBAN STATUE

지상으로 내려온 제단 위의 존재들

오랫동안 홍콩, 싱가포르, 베이징의 각 대학에서 객원 교수를 지낸 영국인 다니엘 A. 벨 교수는 영단어 'Civicism'을 매우 독창적으로 번역한다. 바로 도시를 사랑하는 주의主義라는 의미를 지닌 '애성주의'다. 오늘날 사람들의 열렬한 도시 사랑을 심도 있게 표현해 줄 단어가 아직 없다고 생각했기 때문이다. 애국주의도 국가에만 적용하지 도시에는 적용하지 않는다. 더구나 국가 자체가 지나치게 커지고 복잡해지고 다원화되어 이로써 약간 위험해지자, 이제 국가는 한없이 사랑할 필요는 없는 대상이 된 것처럼 느껴지기도 한다. 그래서 도시만이 지닌 독특한 정감을 집중적으로 표현할 필요성을 느낀 다니엘 A. 벨 교수는 애성주의라는 중국식 단어를 창조해 냈다. 실제로도 세계가 도시화되면서 애성주의는 전 세계 마을 구석구석까지 파고들고 있다. 그러므로 우리는 자신이 거주 중인 도시뿐만 아니라 다른 이들의 도시를 새로 학습하고 느낄 필요가 있다.

다니엘 A. 벨 교수는 시간이 흐르고 문화가 누적되는 과정에서 도시는 정치적 가치와 사회적 가치 영역에서 우선 선택한 것을 표출한다고 생각했다. 그것을 도시 정신 또는 도시 기풍이라고 표현했다. 도시에서 생활하는 사람들이 보편적으로 인정하는 가치관 그리고 사건을 보는 데 폭넓게 받아들여질 수 있는 시각을 의미한다. 그래서 다니엘 A. 벨 교수의 지적처럼, 공공 공간에 설치된 도시의 조각상, 그중에서도 구상 작품과 인물을 주제로 한 조각상에는 종종 정치적으로 중요한 인물과 장면, 문화적인 선호도, 사회의 공유 심리, 망자나 역사를 기념하는 등의 다양한 의미를 내포하고 있다.

도시 정신과 도시 기풍을 반영하는 조각상에는 사실 당대의 시대성이 강하게 드러난다. 그래서 도시의 인물 조각상은 거의 대부분 처음부터 기념비적인 역할을 하기 위해 만들어졌다. 대체로 웅장한 크기로 제작되고, 장엄한 서사시와 인물의 공덕을 찬양하는 내용을 담고 있다. 그것을 보는 이로 하여금 놀라움과 위압감을 느끼게 하기 위해 일정 거리 떨어트려 감상하도록 배치해 놓는다.

인물 조각상에서 다루고 있는 주제는 모두 다르다. 이탈리아 피렌체에는 신화에서 등장하는 바다의 신 포세이돈 조각상이, 이탈리아 제노바에는 항해 대발견이라는 업적을 기리기 위해 세운 콜럼버스 조각상이 있다. 벨기에 브뤼셀에서는 자국의 역사를 알리고 공유하기 위해 민족 영웅의 조각상을 세웠다. 이 밖에도 음악의 도시로 유명한 오스트리아 빈에는 음악가 모차르트의 조각상이, 문화의 도시 파리에는 극작가 몰리에르의 조각상과 소설가 발자크의 조각상이, 서양에서 기사의 도시인 스페인 마드리드에는 세르반테스의 위대한 소설『돈키호테』등장인물들의 조각상이 있다. 그런데 작품 형식과 작품으로 표현하고자 한 정신은 대동소이했다. 그러던 중 19세기 후기에 이르러 프랑스 조각가 오귀스트 로댕이 아주 중요한 작품을 내놓았다. 이 작품은 장기간 형식적인 정체기에 머물러 있던 공공 예술에 중대한 전환점을 마련해 줬다.

1884년 로댕은 프랑스 북부 항구도시 칼레로부터 그들의 가슴 아픈 옛 역사를 추도하고 기념할 조각상을 제작해 달라는 의뢰를 받았다. 칼레는 영국과 프랑스 백년전쟁 때 프랑스에 속해 있던 마을로, 칼레에 잉글랜드군이 쳐들어오자 주민들은 잉글랜드에 맞서 완강하게 저항했다. 하지만 잉글랜드군의 장기 포위 작전에 식량과 탄환이 모두 떨어지자, 결국 칼레 시민들은 잉글랜드에 투항하기로 결정했다. 그런데 잉글랜드의 왕 에드워드 3세는 순순히 이들의 투항을 받아 주지 않았다. 도리어 칼레 시민 중 여섯 명이 목숨을 내놓아야 성안의 사람들을 살려 주겠다는 조건을 내걸었다. 시간이 흘러 에드워드 3세가 정한 기한이 다가오자, 칼레 시민 중 여섯 명이 목숨을 내놓기로 자원했다. 여섯 명은 자신들의 몸에 동아줄을 묶고 죽기 위해 성 밖으로 나섰다.

이탈리아 제노바에 있는 항해 대발견이라는 업적을 기리기 위해 세운 콜럼버스 조각상

로댕의 획기적이고도 유명한 청동 작품인 '칼레의 시민들'은 무려 10년 동안 수정에 수정을 거쳐 1895년에 완성되었다. 로댕이 맨 처음 구상했던 모양은 전통적인 피라미드 모양을 한 삼각형 구도의 '제단' 형식으로, 사람들을 쌓아 올려 상승하는 느낌을 주는 것이었다. 이로써 로댕은 영광, 불휴, 승천 등을 상징적으로 표현하려 했다. 그런데 로댕은 이 설계대로 작품을 제작하면 주인공들을 높은 곳에 있는 제단으로부터 지면으로 끌어내리는 형국이 되는 게 마음에 걸렸다. 이에 누구는 높고 누구는 낮은 위치에 있지 않도록 수평적인 구도로 바꾸고, 주인공들을 일반 사람들과 같은 크기로 만들어 배열했다. 그러고는 마치 고난과 희생으로 엮인 그들을 살아 있는 염주처럼, 한 사람 한 사람을 연결시켜 칼레 시 정부 광장 앞에 나열하고 동을 부어 석판에 고정했다. 로댕은 칼레의 시민들에 대해 다음과 같이 설명했다.

　　"내가 만든 인물상들은 시 정부에서 에드워드 3세의 군영으로 향하려는 것처럼 보인다. 오늘날의 칼레 시민들은 저들과 어깨를 나란히 하며 걷고 있으니, 어쩌면 자신이 영웅 열사가 낳은 전통과 긴밀히 연계되어 있다고 느끼게 될 것이다. 나는 이렇게 해 놓아야 사람들도 깊이 감동하리라 믿는다."

　　로댕의 '칼레의 시민들'이 보여 준 혁명적인 발상 덕분에 많은 공공 조각상이 높은 곳에서 내려와 몸높이를 낮추고 현대라는 시공 안에 녹아들었으며, 시민, 방문객들과 동등한 위치에서 대화하기 시작했다.

(상) 오귀스트 로댕의 청동 조각 작품 '칼레의 시민들'
(하) 프랑크푸르트의 거인 실루엣을 지닌 조각상.
'망치질하는 사람'. 서민적이고 소탈한 면을 살리기 위해
이름 없는 영웅을 주제로 삼았다.

이와 같은 맥락에서 이해할 수 있는 작품이 바로 '왈츠의 아버지'로 불리는 요한 슈트라우스의 동상이다. 빈 시 정부가 1899년에 세상을 떠난 요한 슈트라우스를 기리기 위해 만든 황금 조각상으로, 실제 그와 동일한 크기로 제작되었다.

일부 조각상의 경우 랜드 마크로서의 특징을 드러내기 위해 여전히 거대하게 우뚝 솟아 있도록 제작되었지만, 그래도 서민적이고 소탈한 면을 살리기 위해 이름 없는 영웅을 주제로 삼았다. 1990년 독일 프랑크푸르트 시에 미국 조각가 조나단 보롭스키가 제작한 '망치질하는 사람'이 대표적인 예다.

공공 조각 작품이 높은 곳에서 내려와 사람들 곁으로 다가오게 된 연유는 1789년 프랑스대혁명 후 일어난 변화에서 찾아볼 수 있다. 즉 프랑스대혁명 후 자유, 평등, 민주가 세상의 보편적인 가치로 자리 잡자, 공공 조각 작품도 이와 같은 추세에 따른 것이라고 봐야 할 것이다. 사실 웅장함을 숭상하던 시대에도 도시의 삶이 주는 아름다움이 있었으며, 이를 즐기려는 마음도 언제나 있었다. 19세기 파리 대개조를 추진한 바롱 오스만 남작도 다음과 같은 감상을 남겼으니 말이다.

"나는 아름답고 커다란 사물을 숭배한다. 저 위대한 대자연도 귓가에서 노래를 부르고 꽃이 눈앞에 활짝 피어 예술적 영감을 자극하는구나. 나의 사랑스러운 봄이 꽃으로 활짝 피어났도다. 여인들과 장미같이 활짝!"

여러분이 처음 방문하는 도시의 거리에서 어느 공공 작품과 마주쳤다고 해 보자. 그것이 삶을 담고 있고 여러분의 눈높이에 있어 마치 살아 있는 듯 생동감이 넘치는 느낌을 받았다고 가정한다면, 이 글을 읽은 여러분은 부디 흐뭇한 미소를 지은 채 도시 속 인물 조각상의 발전 역사를 다시 한 번 가슴으로 음미해 보기 바란다.

'왈츠의 아버지'로 불리는 요한 스트라우스의 조각상. 실제 그와 동일한 크기로 제작되었다.

19 ANIMAL SCULPTURE

동물과의 대화, 문화적 상상의 흔적을 찾아서

도시 건축물은 '사람은 반드시 하늘나라로 가게 되어 있다'라는 정신의 변천사를 담고 있다. 사람은 나무와 풀을 밀어 버리고 그곳에 서식하는 날짐승과 들짐승을 몰아냈다. 그리고 그 자리에 집을 지었다. 그러자 사람들이 모여들고 거주하면서 도시가 형성되었다. 그런데 서로 일면식도 없고 제대로 알지도 못하는 수많은 사람과 근거리에서 지내는 일은 생각보다 쉽지 않았다. 이에 사람들을 통제하기 위한 행정, 경찰, 사법, 감옥 등 여러 행정적인 수단과 관리자가 나타났지만, 그래도 무언가가 부족했다. 그래서 여러 사회 역사학자가 이 부족한 무언가를 메울 가장 효과적인 방법을 생각해 냈다. 바로 상상 속 현실 또는 상상 속 질서에 사람들이 무의식적으로 동화되도록 만드는 것이었다. 도시 문화를 세우는 것이었다.

도시 문화를 세우는 방법은 통상적으로 세 가지다. 모두 누이 좋고 매부 좋은 식의 방법이다. 첫째, 상상 속의 질서를 현실과 연계하고, 이를 실제 생활에서 실천하도록 촉구한다. 둘째, 상상 속의 질서를 개인의 욕망과 결합시켜 장기적인 안정을 유지한다. 셋째, 상상 속 질서와 부합하는 다수의 이익을 조정해 다수로부터 지지를 얻는다. 앞서 언급한 장기적인 안정, 다수의 이익에 부합하는 상상 속 질서의 실천, 이것이 바로 문화인 것이다.

하지만 인류 사회는 대립과 충돌에서 자유로울 수는 없었다. 그래서 혼란에는 질서로, 범죄에는 법률로, 야만에는 문명으로, 암흑에는 광명으로 맞서고 있다. 그뿐만 아니라 다수의 사람과 소수의 사람이, 인류와 동물이 서로 맞서고 있다.

그런데 이렇게 드러났다 숨었다를 반복하는 대립과 충돌은 종종 도시를 소재로 한 문학 작품의 주요 창작 소재가 된다. 그 예로 남아프리카의 여류 작가 로렌 베케스Lauren Beukes가 2010년에 영국에서 출판한 판타지 소설 『동물원 도시Zoo City』를 들 수 있다.

이 소설의 배경은 남아프리카 경제 중심인 요하네스버그 외곽에 위치한 힐브로우라는 지역이다. 이곳은 범죄가 빈

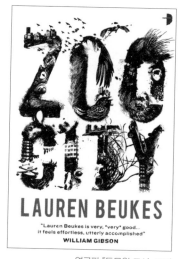

영국판 『동물원 도시』 표지

번히 일어나기로 악명이 높다. 소설 속 세계에서는 애니멀드라는 후천성 비공생 영수 현상 —살인, 도둑질, 폭행, 마약 복용이라는 범죄를 저지르면 당사자 앞에 개, 뱀, 쥐나 호랑이 같은 동물이 나타나는 현상— 이 나타난다. 동물들은 마치 중국 고대 사회에서 범인의 얼굴과 몸에 문신을 새겨 넣었던 것과 같은 기능을 하고 있다. 즉 과오에 대한 벌로 치욕적으로 동물들을 달고 다니게 되는 것이다.

'애니멀드'된 사람은 평범한 사람들로부터 배척과 차별을 받는다. 하지만 다행히도 애니멀드되면 특수한 초능력이 생긴다. 소설의 주인공 진지 디셈버는 실수로 친오빠를 죽이게 된다. 그러자 그녀 곁에 나무늘보 한 마리가 나타난다. 이후 그녀는 아버지와도 억지로 헤어져 혼란한 빈민굴 길모퉁이에서 생활하게 된다. 그런데 자신에게 생긴 특수한 능력으로 사람들의 잃어버린 물건을 찾아 줄 뿐만 아니라 인터넷 사기 수법을 이용해 마약상에게 진 빚도 갚는다. 하지만 잃어버린 물건을 찾아 주는 일을 하다가 살인 사건에 연루되고, 이 사건을 기점으로 소설은 화려함 이면에 감춰 뒀던 피비린내 나는 검은 내막을 드러내기 시작한다.

작가 로렌 베케스는 비범한 창작력과 생동감 넘치는 문장으로, 환상적인 도시를 창조해 냈다. 또한 원시와 미래가 혼합된 풍경을 통해 기이할 뿐만 아니라, 인간의 본성이 갈구하는 유토피아를 은연중에 잘 드러냈다. 『동물원 도시』는 원시적인 마술 같은 것이 많이 등장해 기괴한 색채를 띠고 있다. 소울 음악과 같은 풍부한 생명력도 들어 있다. 더욱이 이야기 곳곳에 상상 속 질서에 대한 비판과 풍자가 잘 드러나 있어 작가의 예리한 안목이 돋보인다.

하지만 소설은 소설일 뿐 현실이 될 수는 없다. 그러니 우리가 할 수 있는 일은 도시에 흩어져 있는 동물 조각상에서 인류가 동물과 문화적으로 대화한 흔적을 찾아보는 것이다.

(좌상) 프랑스 보르도에 있는 포도를 입에 물고 있는 거북이상
(우상) 프랑스 파리의 민가 주택 문 앞에 놓인 숫양의 머리
(좌하) 오스트레일리아 애들레이드에 있는 쓰레기통을 뒤지는 돼지 떼 동상
(우하) 칠레 산티아고의 지하철에서 볼 수 있는 군마 조각

오스트레일리아의 애들레이드 도심에는 쓰레기통을 뒤지는 돼지 떼 동상이 있다. 그렇다면 이 동상은 돼지의 식탐과 더러움을 풍자적으로 표현하고 있는 걸까, 아니면 그들의 자유로움을 찬양하고 있는 걸까? 프랑스 보르도 도심 광장에는 포도를 입에 물고 있는 거북이상이 있다. 이 검은 거북이의 행동과 모습은 거북이의 고집스러움을 나타내기 위한 것일까, 아니면 느림보라는 걸 비웃고 싶은 것일까? 이 밖에도 파리 시의 민가 주택 문 앞에 놓인 숫양의 머리, 런던 시의 빌딩 문미에 놓인 황금색 임팔라 조각상, 빈의 건물 벽면에 세워져 있는 고양이 머리를 한 매, 칠레 수도 산티아고 지하철 역사에 있는 군마 조각상 등 예술품들은 과연 무엇을 표현하고 있는 걸까?

동물과 인간의 문화적인 대화의 산물을 찾다 보면, 가장 많이 만나게 되는 건 사자 조각상이다. 사자 조각상은 사자 자체를 볼 수 없는 유럽, 미주, 아시아 대륙에서 유난히 자주 출현한다. 서양 기독교 사회에 구세주를 상징하는 '유다의 사자' 신화가 있기 때문일까? 아니면 진짜 사자의 모습을 본 적 없는 상태에서 구전된 걸 듣기만 해, 오히려 예술적인 상상력을 더 많이 자극받아서일까?

어찌 되었든 헝가리 부다페스트 대교 앞에 위풍당당한 모습으로 앉아 있는 사자, 한국의 서울 경복궁 밖에 있는 해태, 피렌체에서 볼 수 있는 수호의 사자, 중미 대륙 과테말라의 수도 과테말라시티에서 만난 대성당의 유다의 사자 부조에는 모두 풍부한 상상력이 발휘되어 있다.

어쩌면 이 궁금증에 대한 답은 평생 찾을 수 없을 것이다. 하지만 무슨 상관이란 말인가? 이러한 것이 바로 도시가 지닌 재미인 것을. 사실 견문을 넓히는 일은 차선에 불과하다. 가장 중요한 일은 사람과 환경의 재미있는 상호작용을 관찰하고, 상상력을 단련하는 것이다.

(좌) 과테말라 수도 과테말라시티에서 볼 수 있는 유다의 사자 조각상
(상) 서울 경복궁 앞의 해태상
(하) 타이베이에서 볼 수 있는 추상적인 형태의 사자 조각상

20 MODERN SCULPTURE
파리의 모던 조각

대부분의 사람들이 지닌 도시에 대한 인상은 모더니티의 중요한 요소다. 구미歐美에서 기원한 모더니티는 대략 15세기 후기의 문예 부흥과 활자 인쇄술의 발명으로 나타난 지식 혁명, 지식의 광범위한 확산, 항해 대발견 이후부터 나타나기 시작했다. 분야별로 보면 경제에서는 시장경제와 산업혁명이 발단이 되었다. 정치에서는 18세기 후기 미국 독립 전쟁과 프랑스대혁명 때부터 시작되었다. 과학과 철학에서는 데카르트의 이성주의, 근대적인 실험 방법, 19세기 말 과학과 형이상학에 대한 비판 그리고 아인슈타인의 '상대성이론', 이런 것들이 충돌해 거센 모더니티의 파도를 만들어 냈다. 예술과 건축 분야에서는 20세기 초의 모더니즘으로 표현되어 나타났다.

공인된 역사적인 상식에 따르면, 19세기부터 전 세계를 휩쓴 모더니제이션 정도를 가늠하는 중요한 지표는 도시화였다. 실제로 도시는 전국 각지에 흩어져 있던 걸출한 인재들이 기회를 찾고자 몰려오는 집결지 같은 곳이었다. 자연스레 도시는 모던함이 활발하게 발전할 수 있는 둥지가 되었다. 모던 예술은 서양의 도시에서 발전하기 시작했다. 가장 먼저 발전한 것은 회화였다. 이어서 시각 예술 영역, 조각과 건축 분야로까지 확대되었다. 모던 예술에 중요한 영향을 미치는 일부 예술 운동도 대략 19세기 말부터 싹을 틔우고 활발히 활동을 이어 나갔다. 파리를 중심으로 한 인상파, 독일어권 대도시인 베를린과 빈에서 출발한 표현주의 등이었다.

자드킨 미술관에 있는 입체파 양식의 조각 작품

이와 같은 새로운 모던 예술을 제창한 사람들은 예술 운동을 꼭 진보적이고 전위적인 해방 또는 개인 예술의 해방일 필요는 없다고 봤다. 오히려 반대로 자신의 창작이 소위 진실과 보편적 가치라는 것을 재현한다고 생각했다. 인상파 화가들은 다음과 같이 말했다.

"사람들은 사실 물체를 본 게 아니다. 그들이 본 것은 또는 눈에 보이는 것은 단순히 물체에서 반사되어 나온 빛일 뿐이다. 그러므로 화가는 화실에서 나와 자연광 아래에서 그림 작업을 해야 한다. 빛 그림자가 만드는 신기한 효과를 포착해 내기 위해 온 힘을 다해야 한다.'

하지만 이처럼 이전 시기와 확실히 선을 긋는 혁명적인 운동은 필시 반발을 불러일으키게 되어 있었다. 일찍이 고전주의 속박에서 벗어난 프랑스 리얼리즘 회화의 선구자 귀스타브 쿠르베는 인상파 화가들을 향해 다음과 같이 풍자적으로 이야기했다.

"나는 단 한 번도 천사나 신을 본 적이 없다. 그러므로 나는 그들을 그리지 않는다."

위의 말은 이 위대한 화가의 과거에 대한 저항이자 동시에 미래를 향한 거절이기도 했다.

모던화된 미래는 쉬지 않고 쏟아져 나오게 되어 있다. 계속 쏟아져 나오다 보면, 결국에는 도시와 과거 보수 세력으로부터 격렬한 반대에 부딪힐 수밖에 없다. 그리고 그 결과는 선명하게 흔적으로 남는다.

한 예로 오스트리아 빈 도심에 위치한 바로크 양식의 고전 건축물 카를 성당 앞에는 연못이 있다. 이 연못 위에는 영국 모더니즘 조각가 헨리 무어의 추상적인 작품 '힐 아르치스'가 놓여 있다. 독일 베를린 타우엔치엔 거리에는 '베를린'이란 작품이 놓여 있다. 이 작품은 스테인리스 스틸 재질로 도시의 단절과 봉합을 표현해 놓은 것으로, 독일의 부부 조각가 마틴 매이친스키Martin Matschinsky 와 브리기트 매이친스키-데닝호프Brigitte Matschinsky-Denninghoff가 함께 만들었다. 베를 린이라는 모더니즘 작품이 만들어질 수 있었던 건 전쟁의 참상을 고스란히 간 직한 카이저 빌헬름 기념교회가 있었기 때문이다. 카이저 빌헬름 기념교회는 19세기 기능주의의 대가 프란츠 슈베츠텐Franz Schwechten의 설계도면으로 만들어 진 건축물이다. 2차 세계대전 때 폭격을 맞아 여기저기 부서졌고, 지금도 부서 진 모습 그대로 남아 있다.

(좌) 영국 모더니즘 조각가 헨리 무어의 추상적인 작품, '힐 아르치스'
(우) 독일 부부 조각가 마틴 매이친스키와 브리기트 매이친스키-
데닝호프의 스테인리스 스틸 조각 작품 '베를린'. 도시의 단절과 봉합을 표현했다.

(좌) 생 라자르 역 광장에 있는 프랑스 예술가 아르망의 조각 작품 '보관소'
(우) 레 알 광장에 있는 앙리 드 밀레의 '경청'
(하) 타키스의 멀티미디어를 활용한 조각 작품, '연못에서 밝게 빛나는 나무'

기억하기로는 유럽 도시 중에서 모던한 조각품을 가장 많이 품고 있는 곳은 파리였다. 생 라자르 역 광장에 가면 아르망의 '보관소'를, 오르세 미술관 부근에서는 장 뒤뷔페의 '테두리가 그려진 탑'을 발견할 수 있다. 방돔 광장에서는 살바도르 달리의 초현실주의 조각 작품을 즐길 수 있다. 콩코르드 광장을 거닐다가 우연히 입체파 조각가 페르낭 레제의 작품과 마주칠 수도 있다. 조르주 퐁피두 센터의 니키 드 생 팔르가 음악을 주제로 디자인한 조각 겸 분수 작품 '스트라빈스키 분수' 그리고 레 알 광장에 있는 앙리 드 밀레Henri de Miller의 '경청' 옆에서는 잠시 쉬었다 갈 수도 있다.

조금 더 멀리 교외로 나가 보자. 파리 외곽의 신개선문인 라데팡스에 가면 그리스 조각가 타키스의 '연못에서 밝게 빛나는 나무'를 포함한 많은 모던 조각 작품을 만날 수 있다. 이 위대한 예술품들은 모두 평온한 모습으로 실외에 서 있다. 그리고 공공의 공간에서 인상파 화가들이 기대했던 자연광을 맞으며 목욕을 즐기고 있다.

파리는 시종일관 생명력을 가득 머금고 있는 도시다. 파리는 한마디로 빛나는 과거를 가지고, 현재를 살고 있으며, 더 큰 미래를 바라보는 도시다. 그래서 도시가 지속적으로 발전했음을 증명해 주는, 놀라울 정도로 수준 높은 근대·현대 조각 작품을 많이 보유하고 있다.

제6부

역사의
주제가 되어
다시
살아나는 것들

21 CALCADA PORTUGUESA
발아래에 있는 대단한 일을 잊지 말기를

처음으로 보도의 바닥 디자인, 재질, 품질에 주의를 기울이기 시작한 것은 비교적 최근의 일이다. 2008년 친구와 함께 아프리카 중서부 기니 만에 자리 잡은 아주 작은 섬나라 상투메 프린시페에서 열대 지역 농업 분야 투자를 시찰하러 갔을 때였다. 현지인의 가이드를 받으며, 포르투갈 식민지 시대에 세워졌으나 현재는 버려진 농장을 방문했다. 그러고는 농장에서 떠나려는데 갑자기 문 밖에 놓인 깨진 보도가 눈에 들어왔다. 보도를 구성하고 있는 소재가 주변 환경에서 볼 수 있는 것과는 완전히 달랐다. 순간 발걸음을 멈추고 분명 본래 이 지역의 것이 아닌, 인공적으로 박아 넣은 흔적이 역력한 돌조각들을 발로 툭 툭 차 봤다. 그러자 옆에 서 있던 현지 가이드도 가던 길을 멈추고 내 발끝을 바라봤다. 그러고는 별거 아니라는 듯이 웃으며 말했다.

"아, 이건, 포르투갈 사람들한테는 고향 생각나겠네요."

가이드의 말은 무슨 의미일까?

열대 폭우에 수년간 씻겨 내려가 원형은 거의 사라졌다지만, 이것에도 이름은 있었다. 바로 포르투갈 양식의 포장길이란 뜻의 '칼카다 포르투게사calçada portuguesa'다. 다른 서양 언어권에서 이것을 지칭할 때는 통상적으로 이 이름을 그대로 사용한다. 칼카다 포르투게사는 포르투갈의 대표적인 건축양식 중 하나로 꼽힌다. 칼카다 포르투게사는 포르투갈에서만 나는 검정색과 흰색으로 이뤄진 석회석과 현무암을 이용해 나름의 독특한 방법으로 만들기 때문이다. 길 위를 장식하는 데 쓰인 문양은 주로 포르투갈의 전통 무늬에서 왔다.

리스본에서 볼 수 있는 포르투갈 양식의 돌 포장길. 칼카다 포르투게사

칼카다 포르투게사는 이름과 양식에서도 포르투갈이 발생지다. 그런데 일설에는 최초로 등장한 곳은 오늘날 이라크 일대의 메소포타미아 지역이란다. 이후 서쪽으로 전파되어 고대 그리스, 고대 로마 지역까지 퍼졌고, 여기에서 더 나아가 옛날에 동서양이 교차하는 길목인 포르투갈까지 오게 된 것이라고 한다. 이런 주장이 그다지 맹랑하지만은 않다. 왜냐하면 가장 아름다운 칼카다 포르투게사가 있는 곳은 포르투갈의 수도 리스본이 아닌, 중세 시대 수도였던 코임브라에 있기 때문이다. 특히 유럽에서 가장 오래된 대학 중 하나인 코임브라 대학 앞 광장에 있는, 지혜의 여신을 도안해 포장된 길이 가장 아름답다.

포르투갈은 인류 역사에서 가장 먼저 글로벌한 식민 제국을 건설했다. 또한 유럽에서 가장 늦게 식민 제국 시대를 끝낸 나라다. 과거 포르투갈 사람들은 바다 곳곳을 누비며 정복 전쟁을 일으켰고 잔혹하게 식민지를 건립했다. 살기등등하고 때에 따라서는 절대 봐주지 않는 정복자들이 반복적으로 한 일은 바로 보도를 만드는 것이었다. 그들은 뿌리를 내리면, 향수를 달래기 위해 고향과 똑같은 형태의 보도를 만들었다. 절대로 현지에서 나는 자재를 사용하지 않았으며, 반드시 고향 포르투갈에서 공수해 온 돌자재와 장인들로 보도를 포장했다.

칼카다 포르투게사를 보면, 형태는 불규칙해도 크기가 비슷한 돌조각들이 질서 있게 늘어서 있으며, 또한 질서 정연한 가운데서도 수많은 변화를 품고 있다. 엄연히 상감기법을 활용한 모자이크 예술인 데도 흑과 백으로 단순화되어 있어 강렬한 대비가 돋보인다. 게다가 구역마다 각기 다른 구도와 주제를 지니고 있다. 그래서 일부 구간에는 이른바 동양 스타일의 꽃과 풀 문양, 소용돌이 문양, 회回 자 문양, 대항해 스타일인 크고 작은 범선, 별자리, 지구본 문양이 깔려 있다. 이 밖에도 상업과 무역을 상징하는 과일, 해양 생물, 도자기 문양을 깔아 놓은 곳도 있다.

칼카다 포르투게사를 시공할 때는 지금도 전통적인 방식을 사용한다. 우선 도로면의 흙을 파내고 물이 잘 빠져나가도록 두껍게 고운 모래를 한 층 깔아 준다. 그런 후 돌을 일일이 적당한 크기로 부수고 자른 후 손으로 하나하나 바닥에 깐다. 마지막으로 도로를 눌러 주는 로드 롤러로 바닥을 다져 준다. 칼카다 포르투게사를 시공할 때는 시멘트를 아예 사용하지 않고 빗물이 스며들 수 있도록 만들기 때문에 땅이 호흡을 할 수 있다. 이러한 특징을 21세기 관점에서 본다면, 칼카다 포르투게사는 환경까지 생각한 보도 포장 방법인 것이다.

칼카다 포르투게사는 훗날 유럽에서 보편적으로 볼 수 있는 벽돌 포장길의 원형이 되었다. 파리는 대부분의 도로를 칼카다 포르투게사와 유사한 방법으로 시공해 놓았다. 하지만 회백색의 화강암을 많이 사용해 칼카다 포르투게사 특유의 색채와 도안의 변화로 재미를 주는 느낌은 사라졌다. 이후 나는 미주 대륙의 브라질, 아프리카의 앙골라 그리고 이미 여러 차례 방문한 마카오에서도 포르투갈 스타일로 아름답게 포장된 길을 새삼스럽게 재발견했다. 하지만 더 이상 옛날처럼 신기하거나 놀랍지 않았다.

여행이 아무리 즐겁고 재미있어도 몸이 피곤해지면 결국에는 집으로 돌아와야 한다. 젊은 시절에는 넓은 세상을 동경해 세상 곳곳을 주마간산 식으로 돌아다녔다. 그리고 내 집 앞과 내 주변에 있는 길은 종종 무시했다. 이 길들은 아주 사소하지만 많은 이야기를 품고 있었다. 손을 뻗으면 닿을 정도로 가까이 있는 아름다움을 미처 알지 못했던 것이다.

마카오에 있는 칼카다 포르투게사 거리

기억을 더듬어 보면, 타이베이에도 독특하게 포장된 보도가 있었다. 바로 오랫동안 관선 시장들이 있던 시기에 사용된 전형전錢形磚으로 포장된 보도다. 전형전은 동그란 옛 동전 문양이 들어간 보도용 붉은색 벽돌이다. 그런데 시장 선출 방식이 민선제로 바뀐 후에는 전형전으로 포장된 길이 점차 사라졌다. 유지 보수 또는 시공 방법이 어려웠거나 비용이 많이 들거나 다른 계획이 있어서였을 것이다. 어쨌든 정확한 이유는 모르겠지만, 전형전이 있던 자리에는 고압 벽돌이 깔리거나 콘크리트 노면이 들어섰다. 타이베이는 점차 다른 도시를 닮아 갔다. 보도 포장용 벽돌에서 발견할 수 있던 아주 작은 차이조차 거의 사라져 버렸기 때문이다.

이와 같은 변화는 우리가 신경을 쓰지 않아서일까, 아니면 우리는 포르투갈 사람들처럼 아름다운 것에 관심을 두지 않아서일까? 문득 2002년에 세상을 떠난 작가 루챠오鹿橋의 소설 『아직 끝나지 않은 노래未央歌』 속 짧은 이야기가 생각났다.

쿤밍昆命 시산西山 산의 화팅서華亭寺 절에 수련 중인 나이 일흔의 승려가 있었다. 그는 날마다 열심히 짚신을 만들었다. 그는 평생 동안 몇 만 쌍에 이르는, 자신도 정확히 알지 못할 만큼 많은 짚신을 만들었다. 절에 있는 다른 승려들이 신고 있는 짚신도 모두 그가 행한 노동의 결과물이었다. 어느 날 그가 시난롄다西南聯大 교정 부근에 있는 훠화위안火化院으로 찾아가 환롄 스님에게 서예 한 점을 써 달라고 부탁했다. 그러자 환롄 스님이 그에게 9개 글자를 써 줬다. 莫亡自家脚跟下大事자기 발아래에 있는 대단한 일을 잊지 말기를.

'자기 발아래에 있는 대단한 일을 잊지 말기를'이란 글귀는 은유적인 표현법

스페인 마드리드에 깔려 있는 칼카다 포르투게사

이 아니다. 인생이란 다른 사람을 위한 게 아니라 자신을 위한 삶이란 말을 직접적으로 한 것이었다. 그러니 여러분이 도시를 즐기고 감상할 때, 부디 자신의 발아래에 놓인 것을 놓치지 않았으면 좋겠다. 발아래에도 아름다운 경치가 있고, 그 속에 이야깃거리가 있으니 말이다.

타이완 타이베이의 전형전으로 포장된 도보

22 TOITS DE PARIS
어디에나 있지만 아무나 담을 수 없는 문화의 향기

타이완 작가 양무楊牧가 쓴 파리 여행기는 개인적으로 가장 좋아하는 도시 여행기 중 하나다. 다음은 양무가 쓴 여행기의 일부다.

한 번은 수천 리 밖에 있는 파리로 갔다. 12층에 있는 여관방으로 들어서서 짐을 모두 내려놓고는 창문 앞에 우두커니 서서 과거와 현재가 섞인 높이가 제각각인 집들을 바라 봤다. 그러다가 갑자기 그것들의 색감과 자태에서 파리의 모든 이미지 그리고 그것들의 역사를 포착하게 되었다. 그리고 순간 이런 생각이 들었다. 파리에 왔으니 이런 게 파리 겠지라고. 창문 앞에 앉아 종이 한 장을 펼쳤다. 그러고는 일사천리로 써 내려갔다. 도착

해서 다행이다. 내가 파리에 있다는 사실을 아는 것만으로도 충분하다.

　순식간에 감상적으로 변했고, 거리로 나가 관광하고 싶었던 기분은 어느새 사라지고 없었다. 여기저기를 둘러보고 싶은 마음을 채우기보다 서둘러 이 도착이라는 느낌을 표현하고 싶어서였다. 이렇게 나는 홀로 여관방 창문 앞에 앉아 글을 쓰다가 아름다운 파리를 봤다. 사실 내가 볼 수 있었던 것은 파리 여관방 창문 앞에 앉아 글을 쓰고 있는 나 자신뿐이었다. 하지만 나 자신이 그렇게 창문 앞에서 글을 쓰고 있다는 사실이 유난히 감격스러웠다.

　문득문득 떠오를 정도로 좋아하는 부분이다. 그런데 친구들은 이 글을 읽더니 한숨을 내쉬며 말했다.

　"파리 여행에서 제일 중요한 부분이 빠진 거 아냐? 그러니까 파리의 아름다운 경치라든가, 랜드 마크, 웅장한 건축물, 광장이나 녹음으로 우거진 거리 같은 것들 말이야!"

　친구들의 지적처럼 정말로 무언가 중요한 것이 빠진 것일까? 그런데 누군가는 다음과 같은 말을 했다.

　'어느 도시의 풍경이 제아무리 아름다워도 문화를 뺀다면, 그저 예쁜 그림이 그려진 엽서 정도밖에 안 되지 않을까? 사람이 만든 도시가 흡인력을 지니는 이유는 아름다운 경치가 있어서라기보다는 사진으로는 담을 수 없는 추상적인 문화가 있어서야.'

　하지만 파리는 문화의 도시가 아닌가! 중국의 유명 교육자 장멍린蔣夢麟도 파리를 일러 세계 도시를 대표하는 도시로 격상시켰을 정도니, 이 위대한 도시에서 문화는 어디에나 있는 게 아니었던가? 확실히 파리에서는 문화가 없는 곳이 없다. 그러므로 가장 중요한 문제는 파리의 문화를 대하는 각자의 태도일 것이다.

그런데 혹시 문화를 화두선話頭禪이 가능한 대상이라 여기는가? 만약 그게 가능하고 몇 마디 말만 듣고도 훤히 알 수 있다면 얼마나 좋겠는가? 하지만 문화는 그렇게 간단히 설명될 수 없는 복합적인 개념이다. 문화가 무엇인지에 대한 질문에 따른 답을 찾기보다는 마음의 문을 열고 진심을 다해 다가가는 것이 더 중요할 것이다.

『세설신어』에는 얼핏 보기에는 양무의 여행기와 완전히 다르지만 본질적으로는 매우 유사한 고사가 등장한다.

동진東晉 시대 산음山陰 지역에 선비 왕자유가 살았다. 폭설이 그치고 달빛마저 청아한

어느 날 밤, 왕자유는 홀로 술잔을 기울이며 시를 짓기 시작했다. 경치의 아름다움을 시로 옮기다 보니 절로 대안도라는 친구 생각이 났다. 한껏 흥취가 오른 왕자유는 곧장 대안도의 집으로 향했다. 그런데 그는 문 앞에 당도한 순간 홀연히 발길을 돌려 되돌아갔다. 그러자 왕자유를 데려다주느라 한밤에 온갖 고생을 한 뱃사공들이 깜짝 놀라 물었다. 정말로 오랜 시간을 들여 어렵사리 여기까지 왔는데, 게다가 한 발짝만 더 내디디면 되는데, 왜 문을 두드려 친구를 만나지 않았느냐고 말이다. 그런데 왕자유는 대답이 일품이었다.

"흥이 올라 흥을 타고 왔는데, 흥이 다하니 돌아갈 뿐이라오. 그러니 나의 벗 대안도는 만나 무엇하겠소?"

왕자유가 친구를 찾아간 행동은 단순히 핑계에 불과했다. 그가 진정으로 원한 것은 과정이었다. 멀고 험난한 길에서 겪은, 다시 말해 눈이 소복이 쌓인 밤에 달빛을 맞으며

프랑스 파리에서 흔히 볼 수 있는 지붕.
지붕은 하나의 색다른 시각을 갖게 해 준다.

강을 건너는 아름다운 과정을 경험하길 바랐던 것이다. 흥이 올랐다가 흥이 다하고 그 과정에서 원하는 것을 얻었으니 더 이상 바랄 게 있었을까? 그 순간 대안도라는 친구는 있어도 그만, 없어도 그만인 남이 된 것이다.

이와 같은 기분은 타인의 입장에서는 이해할 수 없는 부분이다. 또한 누구든 콕 집어 설명하거나 알 수 있는 기분도 아니다. 마치 문화처럼 말이다. 『세설신어』를 엮은이도 이 멋스럽고 운치 있는 이야기를 자유로움과 방탕을 뜻하고 긍정적인 뉘앙스와는 거리가 먼 '임탄' 편에 넣어 놓았다. 하지만 엮은이가 왕자유 고사를 수록하기로 마음먹은 걸 보면, 왕자유의 특이한 행동을 어느 정도 용인하는 아량을 베풀었으며, 더 나아가 그 자신도 왕자유의 행동을 유쾌하게 받아들였다고 볼 수 있다.

하지만 안타깝게도 시대가 발전하면서 현대인은 이성과 효율만 중시하며 계산적으로 변하고 있다. 게다가 임탄을 허용할 수 없을 정도로 가치관이 협소해지고 있다. 자신도 모르는 사이 이성이 감성을 이기고, 사람보다 물질을 중시하는 사람으로 변하고 있는 것이다. 마치 미국의 융 학파 심리학자인 로버트 존슨이 경고한 새로운 시대적 질환인 '디오니소스식 영양실조'에 걸린 것처럼 말이다.

우리 사회는 사고, 행동, 진보, 성공을 중요시하며, 이는 모든 것을 압도하고 있다. 우리는 최상위만을 바라보며 용감하게 나아가고 있으며, 과정과 상관없이 무조건 일등이 되려 한다. 그래서 금전적으로 가치가 없거나 구체적인 보답이 돌아오지 않는 일은 우선 사항으로 분류하지 않을 가능성이 매우 높다. 그리고 우리는 완전히 통제 가능한 상황을 편애하기 때문에 자신이 통제할 수 없는 사물은 귀찮아하고 싫어한다. 질서, 진보, 성공은 당연히 중요한 것들이다. 하지만 객관화, 표준화, 통제된 수요만 지나치게 강조하면 영혼은 고통을 받을 수밖에 없다. 그런데도 느긋해질 수 없고, 유쾌한 것들을 지나쳐 버린다고 해 보자. 이는 새로운 시대에는 더 중요하게 여겨질 수도 있는 어떤 색다른 무언가를 그냥 스쳐 지나가도록 내버려 두는 것이다. 아쉽게도 지나쳐 버린 무언가는 직관, 감정이입, 감성, 창조력 등으로는 제대로 가치를 헤아리기 어렵다.

뚫린 창 종이 사이로 밝은 달빛이 새어 들어올 때, 양무가 본 파리 지붕은 그에게 색다른 시각을 갖도록 해 줬다. 이 색다른 시각은 어쩌면 일탈일 수도 있겠으나 한편으로는 도시를 더 정상적으로 감상하도록 해 주는 것이었다.

(좌) 포르투갈 리스본 지역의 지붕
(우) 이탈리아 피렌체 지역의 지붕

23 PARISIAN CEMETERY
파리를 알고 싶다면

묘지는 아마도 서양의 도시와 동양의 도시가 유난히 극명하게 대비되는 특징을 가진 곳일 것이다. 동양인 관광객이 서양 도시를 방문했을 때 절대로 가지 않을 여행지로 꼽힐지도 모른다. 이와 같은 현상은 민간 문화와 공자의 가르침에 영향을 받았기 때문일 것이다.

특히 공자는 "군자는 괴이하고 폭력적이고 초자연적인 것을 말하지 않는다子不語怪力亂神"며 경외심을 가지되 거리를 두라고 조언했다. 그래서 동양의 묘지는 사람들이 몰려 사는 취락지와 멀리 떨어져 있다. 더 상세히 말하면, 산 사람이 사는 양택陽宅과 망자가 기거하는 음택陰宅의 경계가 명확히 구분되어 있다. 또한 동양인은 묘를 음습함과 공포의 대상으로 여기는 경향이 있다. 그래서 대부분의 사람은 묘지에 가까이 가기를 꺼려 하고 두려워한다. 그러니 동양에서는 서양처럼 묘지를 찾아가 감상하는 일은 꿈에도 생각 못할 일이다.

서양은 동양과는 완전히 반대의 상황에 있다. 묘지의 공원화가 매우 보편적으로 이뤄져 있다. 묘지는 도시의 소중한 녹지 공간이 되었다. 그뿐만 아니라 공원화된 묘지는 역사적으로 유명한 인물, 위대한 영웅, 대문호, 예술가, 사상가의 안식처다. 많은 도시민과 타지 방문객에게는 기나긴 역사의 자취를 느껴 보고 선대를 추억해 보는 가장 훌륭한 장소다.

인문학 인재를 많이 배출한 파리에는 이름만 들어도 알 수 있는 3대 묘지가 있다. 먼저 파리 시에서 가장 규모가 큰 페르 라셰즈 묘지에는 음악가 쇼팽, 영화배우 이브 몽탕, 낭만주의 화가 테오도르 제리코 등이 영면을 취하고 있다. 몽파르나스 묘지에는 소설가 모파상, 연인 사이인 철학가 사르트르와 시몬 드 보부아르, 가수 세르주 갱스부르 등이 안장되어 있다. 몽마르트르 묘지에는 소설가 알렉상드르 뒤마, 작곡가 요한 제바스티안 바흐, 영화감독 프랑수아 트뤼포가 잠들어 있다. 이 세 곳의 묘지는 역사를 되새겨 보려는 전 세계 문화 애호가들이 반드시 찾아가는 성지다.

사실 파리의 묘지가 처음부터 사람들에게 환영받았던 것은 아니었다. 파리의 묘지가 역사적인 유명 공원으로 발돋움하고 자리매김하기까지는 몇 차례 고충을 겪어야 했다. 앞서 언급한 페르 라셰즈 묘지를 예로 들어 설명해 보겠다. 페르 라셰즈 묘지는 피비린내 나는 프랑스대혁명 이후, 혁명 기간에 목숨을 잃은 귀족과 평민을 매장할 목적으로 설립되었다. 묘지 총면적은 44헥타르였으며, 처음에는 파리 외곽에 위치해 있었다. 18세기 파리의 총면적을 감안했을 때, 이 묘지는 조금은 외딴 곳에 위치해 있어서 망자의 가족이 찾아오기에는 불편했다. 또한 당시 프랑스 사회에서는 묘지에 매장한다는 것 자체가 보편적이지 않았으므로 페르 라셰즈 묘지의 이용률이 매우 낮을 수밖에 없었다.

(좌) 폴란드 출신 음악가 쇼팽의 묘
(우) 계약결혼이라는 실험적 사랑을 죽을 때까지 유지한 철학자 사르트르와 시몬 드 보부아르의 묘

그러자 나폴레옹이 파리 시민에게 묘지 사용을 권장하기 위해 직접 나섰다. 그는 자신이 집권하던 시기에 자신을 포함한 정부의 주요 관리가 사망할 경우 페르 라셰즈 묘지에 묻도록 하는 칙령을 내렸다. 또한 1804년에는 프랑스 역사 속 유명 인물들을 페르 라셰즈 묘지로 이장함으로써 이곳을 홍보하기도 했다. 예를 들어 유명 시인인 장 드 라 퐁텐느, 극작가 몰리에르의 묘를 이곳으로 옮겼다. 1817년에는 비극적인 사랑의 주인공인 유명한 신학자이자 철학자 피에르 아벨라르와 그의 연인 엘로이즈가 합장된 관이 페르 라셰즈 묘지로 이장되었다. 이들의 관은 원래 프랑스 동부에 있는 생 마르셀 수도원에 있었다. 하지만 이러한 노력에도 당시에는 눈에 띄는 효과를 보지는 못했다.

페르 라셰즈 묘지가 주목받은 진짜 원인은 프랑스의 위대한 사실주의 소설가 발자크의 의도치 않은 행동 덕분이었다. 19세기의 문학 천재 발자크는 자신의 소설에서 세상을 떠난 주요 인물을 모두 페르 라셰즈 묘지에 안장시켰다. 당시 발자크의 소설들은 여러 신문사에서 연재되고 있었고 많은 독자로부터 사랑받고 있었다. 이에 발자크의 소설에서 장례식 장면과 아름다운 묘지의 풍경이 섬세하게 묘사될 때면, 그 주 주말에는 수많은 파리 시민과 다른 지역에 거주하는 발자크 소설의 팬들이 페르 라셰즈 묘지로 몰려들었다. 그들은 소설이 실린 신문을 손에 들고 실제 풍경과 대조해 보며 이 사실주의 소설가가 정말로 거짓 없이 묘사했는지 확인했다. 페르 라셰즈 묘지는 이렇게 차츰 유명세를 타기 시작했고 프랑스의 수많은 유명인 역시 사후에 이곳에 안치되는 것을 영광으로 여기게 되었다. 1850년 세상을 떠난 발자크도 페르 라셰즈 묘지에 안장되었다.

이렇게 근대사가 발전하면서 페르 라셰즈 묘지, 14세기 초에 건립되어 더 오랜 역사를 지닌 몽파르나스 묘지, 1825년부터 묘지로 사용된 몽마르트르 묘지가 파

(상) 극작가 몰리에르의 묘
(하) 오스카 와일드의 묘이며, 묘비에는 그가 생전에 쓴 시 「스핑크스」의 글귀가 새겨져 있다.

리 문화사의 훌륭한 기록으로 남게 되었다. 파리의 도시 묘지에 가면 고즈넉한 분위기에서 하늘을 가릴 정도로 울창한 나무와 아름다운 경치를 만나 볼 수 있다. 또한 파리의 도시 묘지는 역사에 이야기를 남긴 인물들이 영면의 장소로 선택한 곳이므로 후대인은 이들 묘지에서 이야기 찾기를 경험해 볼 수 있다. 이와 같은 요소들 덕분에 파리의 도시 묘지는 관광 명소가 될 수 있었다.

물론 세계의 여러 나라 도시에도 묘지가 있다. 이 묘지들도 저마다의 이야기를 갖고 있다. 런던 외곽에 있는 하이게이트 공동묘지에 가면 칼 마르크스의 정신과 대화를 나눠 볼 수 있다. 로마의 개신교 공동묘지에 가면 영국의 낭만주의 3대 시인인 존 키츠와 퍼시 비쉬 셸리의 묘 앞에서 시를 낭송해 볼 수도 있다. 오스트리아 빈의 중앙묘지는 베토벤의 일생을 품고 있다. 미국 시애틀의 공동묘지에서는 유명 배우 리샤오룽이소룡의 전기를 돌이켜 볼 수 있다. 이 밖에도 타이베이 시에 위치한 국립 타이완 대학교 교정의 부속 식물원인 푸위안傅園에는 대만의 대교육자 푸스녠傅斯年의 추모 공원이 있다. 타이베이 교외의 진바오金寶산 공동묘지에서는 중국 최고의 여가수 덩리쥔을 애도할 수 있다.

아일랜드 작가이자 영국의 유미주의 운동의 창시자 오스카 와일드는 다음과 같은 대단히 의미심장한 말을 남겼다.

"착한 미국인은 죽으면 모두 파리로 간다. 그렇다면 못된 미국인이 죽으면 어디로 갈까? 그들은 미국에 남는다."

오스카 와일드 본인도 프랑스 파리에 있는 페르 라셰즈 묘지에 묻혔다. 친구들은 그의 시 「스핑크스」가 지닌 정취를 살려 오스카 와일드의 묘비에 아주 자그마한 스핑크스를 조각해 넣었다.

타이완의 번역가 먀오융화繆詠華가 2009년도에 출판한 저서 『영면의 파리:

위대한 영혼 87명의 거처를 탐방하다(長眠在巴黎:探訪八十七個大靈魂的应去居所)』에도 다음과 같이 감탄사가 등장한다.

'만약 파리에 살지 않는다면, 적어도 죽음만은 파리에서 맞이해야 한다. 만약 파리에서 죽지 않았다면, 가장 좋은 방법은 파리에 묻히는 것이다.'

보아하니 이 위대한 도시, 파리를 제대로 알고 싶다면, 위대한 공동묘지에 꼭 가 봐야 할 것 같다!

(상) 음악가 쇼팽, 영화배우 이브 몽탕, 낭만주의 화가 테오도르 제리코 등이 영면을 취하고 있는 페르 라셰즈 묘지
(중) 페르 라셰즈 묘지에 있는 프랑스 조각가 폴 알베르 바르톨로메의 작품 '죽은 자를 위한 기념비'
(좌하) 공동묘지에 놓인 프랑스 유명 조각가의 작품, '니키드 생 팔르의 새'
(우하) 루마니아 출신 조각가 콘스탄틴 브랑쿠시의 묘는 그의 유명 작품 '입맞춤'으로 장식되어 있다.

24 URBAN BALCONY

대중의 공간에서 사적이고 공적인 공간으로

타이완 작가 한량루韓良露는 최근 출간한『문화와 작은 발코니文化小露台』에 자신이 근래에 발표한 문화에 대한 사색, 관찰에 관한 글을 모아 수록해 놓았다. 내가 이 책에 강하게 끌린 이유는 다름 아닌 제목에 등장한 발코니라는 단어 때문이었다.

『문화와 작은 발코니』에서 작가는 발코니를 통해 문화를 들여다보고 묘사하려 노력했다. 작가는 현대적인 건축설계에서 베란다는 이미 맹장과 같은 처지로 전락했다고 지적한다. 다시 말해, 언급할 만한 용도를 잃은 지 오래되었다는 것이다. 욕실도, 식당도, 침실도 될 수 없는 발코니는 결국 인테리어라는 미학적인 기능만 남았다고 봤다. 그리고 이어서 다음과 같이 자문한다.

"문화를 군더더기 취급하는 타이완 사회에서 문화란 것이 구체적으로 어떠한 쓸모가 있는 걸까? 산업계에서 문화 창작이 유행하고는 있지만, 이러한 현상은 애초에 돈이 되어야 쓸모 있는 것이란 점을 선전하고 있는 건 아닐까?"

베란다는 건축학에서 사용하는 전문 용어다. 일종의 건축 구성 부분으로, 두 개 이상의 층으로 된 건축물에서 외벽을 연장해 돌출되도록 만들고 받침대로 돌출 부위의 바닥판을 지지해 놓은 부분이다. 또한 이곳에는 사람이 낙상하거나 집 안 물건이 밖으로 떨어지는 것을 방지하기 위해 주변에 난간을 설치한다. 요즘 발코니와 베란다가 같은 의미로 사용되고 있는데, 이 둘은 엄연히 다르다. 발코니는 윗부분이 지붕으로 덮여 있지 않은 개방된 형태지만, 베란다는 윗부분이 지붕으로 덮여 있다.

중국에서 지금의 발코니를 이르는 노대露台라는 단어가 처음 등장한 시기는 송나라 때다. 송나라의 시인 소동파가 지은 시에도 노대라는 단어가 등장한다.

> 달이 떠올라 아홉 개 문을 개방하니, 은하수가 노대를 감싸며 빛나는구나月上九門開, 星河繞露台.

당시의 노대는 무대와 비슷한 기능을 지닌 곳으로, 중국 전통의 희곡을 공연하는 장소였다. 무대와 다른 점이 있다면, 형식적으로 잘 정비된 공연은 진행되지 않은 것이다. 노대에서 공연한 사람들도 아마추어 연기자였다. 그러므로 송나라 시대의 노대는 지금의 야외 가설무대와 비슷하다고 할 수 있다. 송나라 시대에는 민간 문화가 흥성했으며, 이 점은 북송의 수도인 변경의 번화한 도시 풍경을 기록해 둔 『동경몽화록』에도 잘 나타나 있다.

층 아래에 넓고 네모진 나무판자를 쌓아 올려 노대를 만들고 난간을 세웠으며 (중략) 음악과 무용을 관장하는 교방敎坊, 군악대인 균용직鈞容直, 민간 극단의 예인藝人인 노대제자露 臺弟子들이 교대로 잡극雜劇을 공연했다. (중략) 만백성이 노대 아래에서 관람했다.

명나라 시기에도 민간 공연 문화가 흥성했지만, 공연 대부분이 실내 무대에서 이뤄졌다. 그리고 노천 공연이라고는 해도 대부분 개인 저택의 정원에 세운 누대樓臺에서 열렸다. 누대와 노대는 다음과 같은 차이가 있다. 누대는 정자에 딸린 공간으로 대체로 대부호가 사적인 연회를 열 때 사용되었지만, 노대는 차별 없이 일반 대중에게도 공개되었다.

서양에서 발코니를 이를 때 영어로는 Balcony, 이탈리아어로는 발코네 Balcone라고 쓴다. 카르타고와 로마 시대의 지중해 연안 지역에서 기원했다고 하며, 특히 이탈리아 시칠리아 섬 이남과 아프리카 대륙 사이에 있는 몰타를 대표적인 발원지로 보고 있다. 몰타 지역에서는 오랫동안 몰타 발코니라는 전통이 있었다고 한다.

고대 로마를 계승한 서양의 고전적인 발코니는 주로 공공 건축물의 바깥 부분에 부설되었다. 대부분 대형 발코니였으며, 황제나 교황, 정치적인 인물, 군대의 장군 등 중요한 인물이 공개 연설을 하는 장소로 활용되었다. 이와 같은 용도는 오늘날에도 이어져 내려오고 있다. 바티칸에서 정기적으로 대중 연설을 할 때 성 베드로 대성당 중앙에 있는 대형 발코니에서 진행한다. 그런데 이와 같은 전통은 고대 로마 시대 이후 생겨난 관료 통치가 고대 아테네의 엘리트 민주주의와 완전히 다른 양상이었음을 분명히 보여 주는 예가 되기도 한다. 고대 그리스 철학자 소크라테스가 대중을 향해 연설한 장소는 공공 시장, 다시 말해 군중 한가운데였기 때문이다.

대형 발코니는 중세 시대에도 만들어지기는 했지만, 잠깐 유행하고 말았다. 당시에는 대제국 시기처럼 막대한 공적 권력이 없었다. 봉건 영주들은 자신들이 위험에 노출되어 있다고 생각해 성을 쌓을 때 곳곳에 방어 기능을 강화하는 데 치중했다. 그 결과 위험에 노출될 수 있는 대형 발코니는 더 이상 만들지 않게 되었다.

도시는 사람이 밀집한 곳이고, 그렇다 보니 충돌이 빈번히 일어날 수밖에 없다. 이에 개인도 건축물을 지을 때 외부와 격리되고 방어 기능이 있는 성을 모방하기 시작했다. '자신의 집이 바로 자신의 성이다'라는 구절이 차츰 사람들의 입에 자주 오르내리며 격언으로 자리 잡게 된 것도 모두 앞서 언급한 현상 때문이었다.

이 격언은 로마 철학자 키케로의 명언 "자신의 집보다 더 신성하고 더 성스러운 마음으로 굳건히 지켜야 할 곳이 있을까?"를 바꿔 말한 것이다. 이로써 알 수 있듯이, 성은 그 자체를 향한 선호도와는 상관없이, 도시 내부에서는 이미 사람 사이를 가로막고 있는 유형이자 무형의 높은 장벽이었다.

르네상스 시기가 되어 로마의 고전주의가 복고를 타고 유행하자, 과거의 대형 발코니는 소형화되어 다시 건축물 안으로 들어갔다. 특히 바로크 시기로 접어들자 소형 발코니는 건축에서 절대 빠져서는 안 될 미학적인 요소이자 문예 부흥의 상징이 되었다. 이렇게 유럽 사회는 중세의 폐쇄성에서 벗어나 개방을 향해 나아갔다. 소형 발코니는 대형 발코니와는 달랐다. 더 이상 관료를 위한 연설의 무대나 정치적인 선동의 장이 아니었다. 대신 소형 발코니는 사적이면서도 공적인 공간이라는 과도기적 특징을 지니게 되었다. 소형 발코니는 군중을 향해 있어 상당한 공공성을 지니고 있기는 했지만 동시에 개인 주택에 부설

된 공간으로서 안전성과 사생활 보호를 위해 도로와 일정 거리 떨어진 위치에 만들어 놓았기 때문이다.

서양의 도시를 걷다가 가끔씩 마주치는 소형 발코니를 보면, 자신의 문화를 고수하려는 의지가 느껴지는 이유도 여기에 있다. 작가 한량루가 지적했던 것처럼 말이다.

"인생에서 문화가 빠지는 것은 곧 발코니가 없는 집과 같으며, 미적감각, 여유, 한가로움, 고요함이 결여된 것과 같다. 나 자신이 여러 해에 걸쳐 사회에서 한 수많은 일을 생각해 보니, 모두 사무실이라는 사회 속 거처에서 한 일처럼 느껴졌다. 우연히 쓰게 된 산문 평론 글 정도만 발코니에 서서 세상과 대화한 것처럼 느껴졌다. 어쩌면 이러한 글은 그다지 쓸모는 없을 것이다. 하지만 오히려 나의 삶에 의의를 부여하고 미적감각을 불어넣어 줬다."

한량루 작가처럼 색다른 시각으로 발코니를 감상해 보자. 그러면 도시가 조금 더 많은 의미와 미적 쾌감이 있는 곳이 될 것이다.

(상) 프랑스 파리 곳곳에서 볼 수 있는 민가의 발코니
(중)(하) 오스트리아 빈에서 볼 수 있는 발코니
(우) 이탈리아 베네치아에서 볼 수 있는 발코니

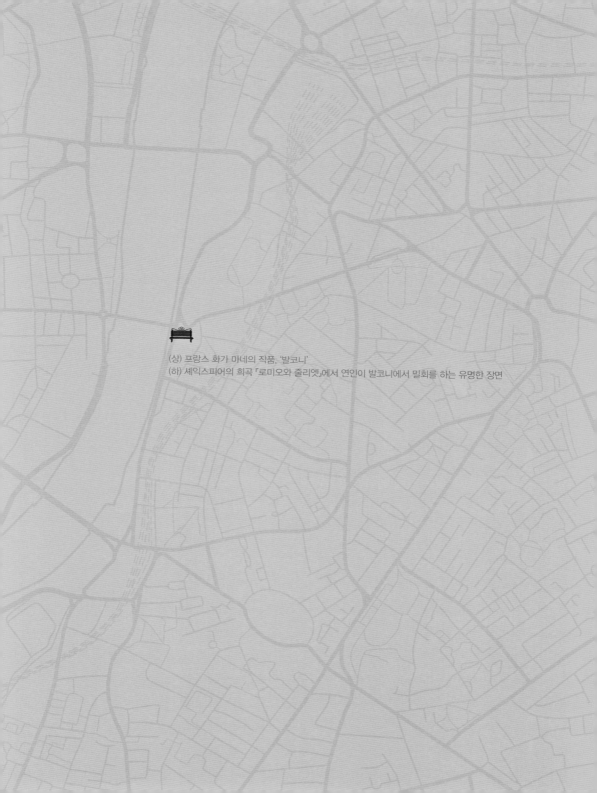

(상) 프랑스 화가 마네의 작품, '발코니'
(하) 셰익스피어의 희곡 「로미오와 줄리엣」에서 연인이 발코니에서 밀회를 하는 유명한 장면

25 GATE Of CITY

승리의 상징, 역사의 통로

문은 통로가 있는 곳에 세워 놓은 여닫이 장치이며, 이로써 사람들의 출입을 통제한다. 문은 두 가지 상이성, 대립된 세상의 이음매를 상징한다. 안과 밖, 친근함과 소원함, 사적인 것과 공적인 것, 안전과 위험, 은밀함과 드러냄 등 서로 나뉘어 있는 세계의 분계선이 문으로 나타낼 수 있다. 이처럼 문을 상징적인 의미로 차용한 예는『논어』「자장」편의 자공子貢이 배움의 어려움을 한탄하는 구절에서도 찾아볼 수 있다.

스승님이 지닌 학식이란 담장은 무척이나 높아서 대문으로 들어가지 않는다면, 그 종묘와 같은 웅장한 장관과 백관의 학식과 맞먹는 다채로움을 알 수 없습니다. 하지만 그 문으로 들어설 수 있는 사람은 정말 소수입니다夫子之牆數仞, 不得其門而入, 不見宗廟之美, 百官之富, 得其門者或寡矣.

　자공은 사회를 구성하는 가장 작은 단위인 일반 가정에 속한 문을 종묘로 들어가는 문, 관청으로 들어가는 문, 궁정의 황제가 드나드는 문으로 의미를 확장한 것이다. 하지만 문이 지니고 있는 전환과 출발이라는 기본 성질까지 바꾸지는 않았다. 따라서 다음과 같이 생각해 볼 수 있다. 일단 문을 열었다는 것은 행동으로 옮겼거나 출발했거나 돌아왔다는 것을 의미하므로, 결국에는 변화했다는 뜻이다. 그리고 모든 변화는 알 수 없는, 확정할 수 없는, 통제할 수 없는 미래를 담고 있으므로, 변화 때문에 좋아질 수도, 나빠질 수도 있다. 결국에는 변화가 인생을 완전히 바꿔 놓을 수 있으므로, '문'은 예전과 다름이라는 전환의 계기를 대표한다.

　성문은 더욱 강한 상징성을 지닌다. 중국어에서 도시는 성시城市라고 쓰는데, 이는 현대화와 산업화의 산물이다. 성은 행정적인 관리와 관련한 개념으로 사람들이 모여 사는 거주지를 대표한다. 시는 상업적인 교역, 즉 재화와 부가 드나드는 곳이다. 다시 말해, 성시는 인구와 부가 집중되는 곳이므로 여기에서는 당연히 기회가 무궁무진하게 생겨날 수밖에 없다. 일단 성시로 들어가는 문지방을 넘어서면, 보잘것없는 개인도 역사의 한편을 장식할 입장권을 지니게 된다. 이를 달리 표현해 보면, 성시로 들어가는 문에는 중국 신화와 전설에서 등장하는, 잉어가 넘어서면 용이 된다는 등용문과 같은 상징성을 지닌다.

　1463년 콘스탄티노폴리스가 오스만 투르크의 공격을 받아 함락되었다. 이로써 서양에서 인도와 중국으로 가는 기존의 중요한 육지 무역로가 끊겼다. 당시 서양 사회에서는 향신료, 비단, 차, 도자기 등 오리엔탈 물품에 대한 수요가 나날이 급증하고 있었다. 더군다나 많은 사람이 식민지와 다른 나라에서 재화와 부를 얻기를 갈망했고, 기독교에서는 선교 활동을 확장하려 했다. 그런데 이런 상태에서 육상으로 가는 문이 폐쇄되자 서양에서는 해상이라는 문을 열 필요성이 대두되었다. 이는 대항해시대의 서막을 올리는 데 직접적인 영향을 미쳤다. 그리고 유럽의 경제 중심이 점차 지중해에서 대서양 연안 국가인 포르투갈, 스페인, 영국, 네덜란드의 항구도시로 옮겨 갔다. 이 시기 성문이 상징하는 전환의 의미는 더욱 거대해졌으며, 사람들의 기대 심리를 더욱 부풀려 놓았다. 서양은 전쟁, 정복, 약탈이라는 기회를 향해 나아갔다. 본국으로 돌아온 사람들은 재화와 부, 진귀한 보물들을 가지고 왔으며, 심지어는 노예와 식민지에 대한 권리도 가지고 왔다. 어떤 이들은 세상 사람들에게 두고두고 회자되며 칭송받을 모험담과 낭만적인 이야기를 가지고 왔다. 이야기가 널리 회자될수록 문의 이미지는 갈수록 과장되었고 훨씬 더 많은 의미를 지니게 되었다. 이에 드디어 실질적인 기능은 없지만, 대신 대단히 중요한 추상적인 가치만 있는 '개선문'이 등장하게 되었다.

개선문을 프랑스어로 쓰면 아크 드 트리옹프Arc de triomphe다. 직역하면 아치형으로 된 승리의 문이다. 위대한 인물에게 존경을 표하거나 승리의 영광을 경축하기 위해 세운 건축물이자 기념비다. 다수의 건축 사학자는 개선문은 로마 시대의 주요 성문 가운데 네 방향으로 출입구가 있는 건조물이란 뜻의 테트라필론tetrapylon을 변형시켜 만든 것이라고 생각하고 있다.

개선문에는 일반적으로는 세 개의 길이 나 있지만, 실은 하나 또는 여러 개의 길이 종으로 뻗어 있다. 따라서 개선문은 넓은 도로 위에 횡으로 가로질러

서 있다. 중앙에 있는 대형 아치형 문은 마차 또는 차가 다닐 수 있도록 만든 것이다. 좌우에 있는 비교적 작은 아치형 문은 사람들이 드나들 수 있도록 만든 것이다. 경축하거나 기념하기 위해 지은 것이므로 대부분의 개선문은 웅장하고 섬세한 아름다운 조각상 그리고 반복되는 무늬로 장식되어 있다. 아울러 개선장군과 병사들을 환영하기 위해 또는 대외적으로 자국의 위용을 과시하기 위해 만든 것이므로 대부분 도시 입구에 세워졌다. 그런데 로마 시대의 개선문은 도시 중심에 세워져 있었다. 이때부터 개선문은 성문으로서의 기능을 잃었다.

로마에는 지금도 역사적으로 유명한 개선문이 많이 남아 있다. 이곳들은 관광객들의 필수 방문지이기도 하다. 서기 70년에 세워진 티투스 황제 개선문은 유태인을 진압하고 승리한 것을 기념하기 위해 만들어졌으며, 현존하는 로마 최고의 개선문이다. 서기 203년에 세워진 셉티미우스 세베루스 개선문은 로마제국이 파르티아인과의 전쟁에서 승리한 것을 경축하기 위해 만들어졌다. 서기 315년에 세워진 콘스탄티누스 개선문은 고대 로마 시대의 가장 거대하면서 가장 유명한 개선문이다.

파리 샹들리에 거리에서 시각적으로 가장 주목받는 그리고 나폴레옹의 명령으로 1806년부터 1836년에 걸쳐 건설된 에투알 광장의 개선문은 어쩌면 세상에서 가장 유명한 개선문일 것이다. 하지만 파리를 포함한 프랑스의 다른 도시에도 작품으로서 훌륭한 가치를 지닌 개선문이 많이 있다. 많은 학자가 역사적으로도, 건축 예술적으로도 에투알 개선문보다 훨씬 가치 있다고 평가하는 개선문은 따로 있다. 에투알 개선문처럼 나폴레옹의 명령으로 건설되었으며, 1809년에 완공된 카루셀의 개선문이다. 이 개선문은 루브르궁 서편에 위치해

(상) 고대 로마 시대의 가장 거대하면서 유명한, 로마의 콘스탄티누스 개선문
(좌) 파리 에투알 광장에 있는 나폴레옹의 명령으로 건설된, 세상에서 가장 유명한 개선문
(우) 파리 카루셀에 있는 많은 학자들이 에투알 개선문보다 가치 있다고 평가하는 개선문

있으며, 에투알 광장의 개선문과 비교해 규모는 조금 작아도 훨씬 정교하게 만들어졌다.

이 밖에도 베를린에 있는 브란덴부르크 문, 스페인의 마드리드 개선문, 더 나아가 서양을 모방해 만든 인도의 뉴델리 개선문 그리고 북한 평양에 있는 개선문은 모두 도시의 상징이 되었을 뿐만 아니라 국가의 상징으로 승격되었다.

이렇듯 도시의 문은 역사를 담고 있다. 마르크스가 핵심을 정확히 짚은 명언을 생각해 보게 한다.

"도시는 역사의 주제다."

베를린 브란덴부르크 문.
베를린의 상징으로 한때 서베를린과 동베를린의 경계선이었다.

파리에 있는 쥘 라비로트가 설계한 유명한 아르누보 건축물의 대문

26 WINDOW OF CITY

창이 빚어내는 도시의 색다른 정취

창은 건축물에서 채광 또는 통풍을 위해 만든 구멍이다. 본래 窻이란 글자는 애초에 창을 나타내던 囱창 창에, 훗날 穴구멍 혈 자를 위에 올려 만든 형성문자다. 동한 시대 허신이 편찬한 한자의 제자 원리와 뜻을 풀어놓은 『설문해자』에서는 창이란 글자를 다음과 같이 설명해 놓았다.

담벼락에 만든 것을 牖창문 유라고 하며, 집에 만든 것을 囱창 창이라고 한다. 그리고 窻창문 창의 『소전』에 나오는 글자와 글자 모양이 다른 혹체자或體字는 穴구멍 혈이다.

재미있는 사실은 오늘날 습관적으로 사용하는 한자어 窗戶_{창호}의 구성자인 窗과 戶_{집 호}는 건축에서 전혀 다른 구성 요소다. 戶의 본래 의미는 門_{문 문}이다. 문은 들고 나는 통로이기 때문에, 실질적인 사물 본체의 이동 그리고 안팎의 직접적인 상호작용이라는 성질을 모두 지니고 있다. 반면 창은 단지 그것에 있는 구멍을 통해 눈으로 보고 코로 호흡하게 해 주는 기회를 제공해 줄 뿐이다. 그리고 이때의 기회는 구체적이지 않은 것에 대한 원거리식의 간접 접촉이다. 따라서 창은 문보다 훨씬 더 많은 것을 상상하게 만든다.

노벨 물리학상 수상자인 양전닝이 연구를 하던 중 겪은 경험 하나를 아주 멋진 글로 소개한 적이 있었다. 1940년 후기부터 1950년대 초기, 양전닝이 리정다오와 양자역학 시계가 대칭을 좌우하는 문제를 연구할 때였다. 양전닝은 극한의 곤혹감에 빠져 있던 시기에, 입자물리학자란 칠흑 같이 어두운 방에 갇혀 방문조차 찾지 못하는 사람이라며 자신의 처지를 형용한 바 있었다. 그리고 1956년 여름이 되었을 때, 양전닝과 리정다오는 드디어 전통적인 생각에 반하는 혁신적인 결론을 도출해 냈다. 바로 유명한 '패리티 비보존'의 이론이다.

양전닝은 무척이나 기쁜 나머지 당시 해외에서 휴가를 보내고 있는 자신의 스승이자 친구인 물리학자 로버트 오펜하이머에게 당장 전화를 걸었다. 그런데 로버트 오펜하이머는 매우 심오하지만 너무나 간결한 말 한마디만 전했다. 영어로는 겨우 네 단어밖에 되지 않는 "Get out the door_{당장 문을 열고 나가}"였다.

개인적으로 무척 좋아하는 이야기라 나는 여기에 이런저런 살을 붙여 가며 색다르게 생각해 봤다. 양전닝이 칠흑 같이 어두운 방에서 방문조차 찾지 못하고 있는데, 만약 감춰져 있던 작은 창문이 살며시 열렸다면 어땠을까? 창문으로 새어 들어온 희미한 광선이나 신선한 공기 아니면 느껴질 듯 말듯 살랑이는 바람이 이 예민한 상태에 있는 위대한 과학자에게 방향을 찾도록 이끌어 주고 용기를 북돋아 줘, 결국에는 방을 탈출할 수 있게 해 주지 않았을까?

창이 넌지시 보여 주는 정보는 문보다 덜 명확하고 추상적이어서, 한계가 있다. 하지만 창을 통하면 오히려 시간상으로는 훨씬 앞당길 수 있고, 감각 면에서는 더욱 집중할 수 있다. 아울러 어찌 보면 모순처럼 여겨지겠지만, 가능성을 더 넓게, 더 멀리 확장시킬 수 있다. 인생을 살다 보면 창은 늘 문보다 조금 일찍 영감을 준다. 게다가 이 영감은 종종 생각지도 못한 방식으로 나타난다.

마치 요절한 프랑스의 19세기 여류 화가 루이즈 아데온 드롤랭Louise-Adeone Drolling의 유명한 작품 '실내 정경과 꽃을 그리고 있는 여인Interieur avec une femme calquant une fleur'이 나타내려는 정취처럼 말이다. 이 그림을 보면, 햇살이 투과되는 창문 유리, 탁 트인 자유롭고 맑은 바깥 세계가 보인다. 이러한 요소는 여인이 그리고 있는 꽃에게 생명력과 활기를 가득 불어넣어 주고, 더 나아가 그림을 그리고 있는 여인의 상상력 속으로 파고들어 그녀와 함께 날아오르려는 것 같다.

그런데 이 그림의 주제인 창에 대해 다시 살펴보면, 창은 채광과 통풍을 위한 건축의 구성 부분이며, 실외보다 실내에서 그 의의와 가치가 훨씬 높다. 그러므로 실외에서 보는 도시 경관에서 창은 시민이나 외지 방문객 입장에서는 쉽게 눈길이 가지 않는 대상이다. 알록달록 화려하고 아름답게 제작된 스테인드글라스일지라도 실외가 아닌 실내에서 봐야 더 큰 가치를 발한다. 내부에서 봤을 때만 창을 투과한 빛이 진동하면서 만들어 낸 영롱한 아름다움을 제대로 감상할 수 있기 때문이다.

세심한 안목으로 도시를 살펴본다면, 독특한 아이디어가 가미된 그리고 다양한 크기의 창문이 빚어낸 각양각색의 풍경을 발견할 수 있다.

런던 거리에 있는 어느 펍에서는 평범한 창유리 대신 다양한 모습의 서양

신사를 그려 넣은 창호지로 창을 꾸며 놓은 걸 볼 수 있었다. 이는 몽롱한 실내 분위기를 연출해 줬음은 물론이고, 영국인 특유의 유머 감각이 돋보이도록 해 줬다.

파리 지하철에서 만난 통풍용 철창도 평범하지만은 않다. 거기엔 책을 펼쳐 들고 있는 독서광의 모습이 멋지게 형상화되어 있었다. 타이난의 문화 고적 츠칸러우赤崁樓 누각에서는 창을 대나무 모양으로 장식해 놓아 전통과 변화라는 흥취가 잘 드러나 있었다.

오스트리아 빈 거리에서 발견한 어느 건물은 현대적인 창문과 고전적인 창문이 함께 설치되어 있어, 건물 디자인이 독특하게 느껴졌다. 오스트리아 빈이라는 도시가 관용적인 역사 감각을 지녔음을 완곡하면서도 함축적으로 보여 주는 것 같았다. 역시나 빈 근교에서 있는 것으로, 화가이자 건축가인 프리덴슈라이히 훈데르트바서가 설계한 포스트모던 건축물 '훈데르바서하우스'도 창문이 인상적이다. 이 건축물은 다양한 크기와 색상의 창문에 시각이 집중되도록 디자인되었다.

19세기 프랑스 여류 화가 루이즈 아데온 드롤랭의 그림
'실내 정경과 꽃을 그리고 있는 여인'

(상) 영국 런던의 어느 펍의 창문. 평범한 창유리 대신 다양한 모습의 서양 신사 그림이 있는 창호지로 창을 꾸며 놓았다.
(중) 프랑스 파리 지하철의 창문. 통풍용 철창에 독서광의 모습이 멋지게 형상화되어 있다.
(하) 오스트리아 빈에 있는 독특한 디자인의 건물. 하나의 건물에 현대적인 창과 고전적인 창이 모두 있다.
(우) 오스트리아 빈에 있는 훈데르바서하우스. 다양한 창문에 시각이 집중되도록 디자인되었다.

파리에서는 훨씬 뛰어나고 근사한 창을 만날 수 있었다. 우선, 모더니즘 건축의 최후의 대가로 불리는 중국계 건축가 이오 밍 페이의 작품으로, 루브르궁 지하 입구에 채광창으로 설계한 웅장한 유리 피라미드다. 다음은 덴마크 건축가 요한 오토 폰 스프레켈손Johann Otto von Wpreckelsen의 작품이다. 그는 개선문의 축^본

문에서 저자가 '축'이라는 단어를 쓴 이유는 신개선문이 프랑수아 미테랑 대통령의 '그랑 프로제'의 일환인 '역사의 축'이라는 연장선에서 지어졌기 때문이다을 과감히 서쪽으로 연장한 지점에 프랑스 혁명 200주년을 기념하는 '신개선문Grande Arche de la Defense'을 설계했다. 이로써 파리에는 미래를 향해 열린 창이 들어서게 되었다. 이와 같은 작품들 덕분에 창은 세계 도시를 대표하는 도시인 파리에서 성대한 기념비로 승격되었으며, 새 시대를 향한 안목과 마음가짐을 대표하는 도시의 새로운 랜드 마크로 도약했다.

파리 루브르 궁 지하 입구에 세워진,
채광창으로 설계한 웅장한 유리 피라미드

제7부

도시에
상상력의
날개를
달아 주다

27 RIVER OF CITY
도시를 흐르는 강에 비친 세계

사람은 물이 풍성하고 식물이 무성히 자라는 곳에 모여 산다. 따라서 수원이 있는 곳에 취락이 형성된다. 취락 형성지에 사람이 늘어날수록 건축물도 늘어나고 이로써 도시가 형성된다. 이렇듯 강은 도시에게 탯줄과 같은 존재여서 도시의 어머니라고도 불린다.

그런데 도시는 원래 인공적으로 조성된 것이라 역으로 도시가 자연적인 강과 하천의 흐름을 바꿀 수 있다. 타이완의 도시와 향촌 연구 전문가인 왕즈홍은 다음과 같은 글을 쓴 적이 있다.

도시에 있는 하천과 강의 흐름은 문명에 의해 온순해진 물이다. 비록 물의 흐름이 약해지고 깊이가 변하기는 했어도 여전히 인간에게는 야생적인 매력이 남아 있다. 온순해진 물이기는 하지만 그래도 여전히 생기가 넘치는 물은 도시를 청아하고 수려한 이미지로 만들어 준다. 또한 본래의 특성에 따라 막힘없이 활발하게 흐름으로써 도시에 생기를 더해 준다.

파리의 센에마른 지역을 흐르는 강과 런던의 템스강은 세상 사람들로부터 부러움을 사고 있다. 그 이유는 물의 흐름과 도시가 대단히 오랫동안 상호 교류하면서 서로 깊이 맞물린 관계가 되어 물의 성질이 바뀌었어도 도시가 물의 도시가 될 수 있어서다. 다시 말해, 물의 맥이 도시와 떼려야 뗄 수 없는 혈맥이 되어서다.

템스강 덕분에 '물의 도시'로 불리는 영국 런던

(상) 프랑스의 루아르강. 중세 시대의 성체가 많이 남아 있어 국왕의 화원으로 불린다.
(중) 영국의 케임브리지 대학을 끼고 흐르는 캠 강. 펀딩이라는 뱃놀이를 하다 보면 대학의 모습이 색다르게 다가온다.
(하) 이탈리아 로마의 테베레강. 고즈넉한 낮만큼 화려한 야경도 아름답다.

그런데 사실 파리의 센강과 런던의 템스강만 주변 도시와 상호 교류한 것은 아니다. 프랑스 루아르강의 경우, 강 유역에 중세 시대의 성체가 많이 남아 있어 국왕의 화원으로 불릴 정도로 유명하다. 영국에 유명 대학의 소재지인 케임브리지에는 캠퍼스를 가로지르며 흐르는 캠 강이 있다. 이탈리아 로마에는 테베레강이 유명하다.

이 외에도 세계적으로 유명한 도시에는 그 지역을 대표하는 이름 난 강이 흐른다. 베네치아 양옆에는 포 강과 피아베 강이 흐른다. 베네치아는 아드리아해의 베네타 석호에 흩어져 있는 섬들을 이어 만든 도시로, 거의 인력으로만 세운 신기한 도시다. 이에 베네치아는 아드리아해의 여왕, 물의 도시, 다리의 도시, 물 위의 도시, 운하의 도시 등 수많은 멋진 별명이 있다. 영어권에서 유명한 이탈리아 작가 루이지 바르지니Luigi Barzini Jr. 도 《뉴욕 타임즈》에 기고한 글에서 베네치아를 의심할 여지없이 가장 아름다운 인공 도시라고 표현했다.

독일 베를린에는 주류인 하벨 강과 지류인 슈프레 강이 흐른다. 네덜란드 암스테르담은 암스텔 강과 기타 수많은 운하가 이어져 만들어진 도시다. 미국 뉴욕에는 허드슨강이 있다. 재미있게도 뉴욕의 옛 이름은 니우 암스테르담이었다. 새로운 암스테르담이란 뜻으로 1624년 네덜란드 식민지 통치자들이 이지역에 무역항을 건설할 때, 강과 바다가 빚어낸 풍경이 자신들의 고향과 비슷해 붙인 이름이다.

동아시아 지역을 살펴보면, 도쿄에는 스미다 강, 서울에는 한강, 베이징에는 융딩강, 상하이에는 쑤저우허蘇州河 강과 황푸쟝 강, 방콕에는 차오프라야 강, 싱가포르에는 싱가포르 강이 흐른다. 중국 푸저우에는 민장강이 도시를 관통해 흘러, 푸저우에는 '산수 속에 있는 도시, 도시에 있는 산수'라는 멋진 수식어가 붙었다. 그리고 타이완의 타이베이에는 단수이강이 흐른다.

유명한 도시를 대표하는 강들은 과거에는 도시가 생존하는 데 필요한 자양분을 제공했다. 또한 운수와 무역의 발전에 영향을 끼친 수상 운송 수단의 명맥을 이어 갈 수 있게 해 줬고, 도시 내 위치를 파악할 수 있는 기준 내지 지표가 되었다. 다시 말해, 위에서 아래로 흐르는 물의 방향, 조수가 역류해 들어오는 곳, 강을 건너고 나루터가 있는 곳에 도시민 생활공간이라는 기본 방위가 구축된 것이다. 그래서 물 흘러가는 방향을 따라가면 도시로 가는 방향이 되었다. 아울러 물이 흘러가는 방향은 곧 사람들이 있는 위치였으며, 도시에 대해 이해하고 상상하는 중요한 단서였다. 파리는 센강을 중심으로 좌안과 우안으로, 뉴욕은 업 타운과 다운타운이 있으며, 상하이는 황푸장 강을 중심으로 푸둥과 푸서로 나뉘었다. 이와 같은 지역 구분법은 지금도 통용되고 있다.

하지만 앞서 언급한 도시의 강과는 완전히 다른 운명을 맞이한 도시도 있었다. 타이완의 타이베이 지역을 흐르는 강이 좋은 예다. 도시가 사납게 이빨을 드러내고 발톱을 세운 채 통제력을 잃고 날뛰자 타이베이를 흐르는 물길은 콘크리트에 덮여 지하 수로로 변했다. 단수이강 역시 높은 하천 제방에 들어서자 그 옆으로 밀려났다. 강은 자연스레 위상이 위축되어 도시의 변두리 지역이 되었으며, 콘크리트 숲과 거무스름한 매연이 산의 능선과 물이 빚어낸 수려한 풍광을 가리는 지경이 되었다. 그리고 바둑판처럼 여기저기 놓인 도로와 갈수록 높아지는 냉랭한 빌딩들이 도시의 새로운 랜드 마크가 되자, 도시에 대한 정의 역시 모질게 다시 쓰여졌다. 타이완 작가 수궈즈舒國治는 과거를 회상하는 문집 『물의 도시 타이베이』에서 다음과 같이 한탄했다.

(상) 베를린의 박물관 섬을 휘감고 흐르는 하벨 강
(중) 뉴욕의 허드슨강. 영국인 탐험가 H.허드슨이 처음으로 탐험했다고 해서 붙여졌다.
(하) 방콕의 차오프라야 강. 방콕의 젖줄이자 왕들의 강이라 불리는 이 강에서
타이의 삶을 들여다볼 수 있을지도 모른다.

타이베이는, 다들 잘 알다시피, 대야 형태의 분지 지형이다. 이 대야는 메마른 대야가 아닌 본디 물이 가득 담긴 대야였다. 그런데 십여 년 동안 이뤄진 타이베이 발전 작업은 아직 대야 안에 남아 있던 담수를 모두 퍼내 버리고 대야를 말려 버리는 행동이었다.

타이완의 대표 강이었던 단수이 강.
그러나 지금은 항구로서의 기능을 잃고 어항 겸 해변휴양지가 되어 있다. (출처: wikimedia)

강물은 거울과 같다. 도시가 발전 과정에서 진실과 환상 사이를 오가며 방황했던 모습이 고스란히 투영되어 있다. 그렇다고 강을 없애면, 거울에 비친 세계라고 할 수 있는 도시에 부정적인 영향이 미칠까? 사실 우리는 도시의 발전에 따른 어쩔 수 없는 일이라며 수동적인 입장을 취해도 된다. 하지만 한편으로 생각해 보면 우리는 상황을 바꿀 수 있는 기회를 가지고 있기도 하다. 이는 다음의 예만 봐도 충분히 알 수 있다. 미국의 도시 생태 운동가인 리차드 핀캠Richard Pinkham이 2000년에 출간한 『다시 만나는 햇살: 묻혀 있던 강에게 새 생명을Daylighting: New life for buried streams』에는 미국에서 복개된 하천이 복구되고, 이로써 유명한 하천을 다시 볼 수 있게 된 성공적인 경험이 기록되어 있다.

이와 비슷한 노력은 영국에서도 있었다. 영국에서는 디컬버팅Deculverting이란 단어로 표현되었으며, 복개된 하천을 복원한다는 의미다. 네덜란드 암스테르담에서 21세기 초에 시작된 부흥 계획 중 하나도 운하 복원과 물을 되살리는 것이었다. 부흥 계획에는 19세기 말 이후 암스테르담 시내에서 사라진 19개의 운하를 원형으로 복원하고 강과 호수를 되살리고 도시에 생기를 되찾아 주는 등의 내용이 담겨 있다.

과거부터 현재까지 도시와 물의 흐름이 만들어 낸 수많은 관계가 있다. 이 관계는, 특히 다른 지역에 있는 도시와 물 사이에서 태어난 관계는 우리에게 자신의 도시를 위한 대안을 찾도록 영감과 용기를 불어넣어 주고 있다.

28 BRIDGE OF CITY
랜드 마크로 떠오른 도시의 다리

다리는 단절된 것을 봉합하고 지리적으로 갈라져 있는 곳을 넘어갈 수 있도록 해 주는 인공 구조물이다. 최초의 다리는 분명 강한 바람에 개천 위를 가로질러 쓰러진 나무였을 것이다. 이 자연적으로 만들어진 통나무 다리에서 사람들이 아이디어를 얻어 복제하고 개량한 게 지금의 다리가 된 것이다. 한자로 橋다리교는 원래는 喬높을교와 木나무목이 결합해 만들어진 글자다. 이 글자만 봐도 다리가 앞서 언급한 과정을 거쳐 발명되었음을 유추해 볼 수 있다.

내가 특별히 도시의 다리에 관심을 둔 이유는 대부분 도시가 물을 쉽게 구할 목적으로 또는 하천을 이용해 물건을 운반하기 위해 늘 물이 있는 곳에서 발원했

기 때문이다. 수많은 유명 도시들은 모두 유명한 강을 끼고 있다. 앞서 언급했듯
파리에는 센강, 런던에는 템스강, 뉴욕에는 허드슨강, 로마에는 테베레강, 싱가
포르에는 싱가포르 강, 상하이에는 황푸쟝 강이 있다. 강과 하천이 있는 곳에는
다리가 있다. 그리고 다리 중 일부는 건축물로서의 특색과 위치 때문에 랜드 마
크가 되었다. 가장 유명한 경우가 바로 1937년에 완공되어 지금도 우뚝 솟아 있
으며, 샌프란시스코 만을 가로질러 서 있는 금문교다.

(상) 샌프란시스코 만을 가로질러 서 있는 금문교. 1937년에 완공된 이 다리는 교량 제작과 관련해 모범 사례로 불린다.
(하) 이탈리아 피렌체의 '베키오 다리'. 이탈리아에서 현존하는 가장 오래된 폐쇄식 아치형 석조 다리다.

금문교는 완공되었을 당시 세상에서 가장 큰 현수교였다. 기능주의에 기반을 둔 간결하고 단정한 형태로 국제적으로도 교량 제작과 관련해 모범이 되었다. 금문교가 있는 위치는 태평양에서 오는 한류와 샌프란시스코 만에서 오는 난류가 만나는 곳이어서 항상 짙은 안개로 덮여 있다. 그런데 짙은 안개 속에서도 붉은 오렌지색으로 된 교량 본체는 항상 눈에 띤다. 그래서인지 금문교는 사진을 찍어 보면, 이 세상에 있는 그 어떤 다리보다도 사진이 멋지게 나온다.

런던 템스강에 세워진 다리 가운데 가장 눈길을 사로잡는 것은 타워브리지다. 타워브리지는 도개교로, 배가 지나가야 할 때 다리를 들어 올려 통행할 수 있게 되어 있다. 빅토리아 시대에 네오고딕 양식으로 만들어진 정교하고 아름다운 다리는 1894년에 완공되고 개통되었으며, 런던탑 근처에 위치한 덕분에 유명해졌다.

전 세계적으로 유명한 영국 동요 〈런던 브리지가 무너졌다London Bridge is Falling Down〉 때문에 많은 사람이 런던의 타워브리지를 1831년에 재건축된, 그 이름도 유명한 런던 브리지라고 오해한다. 하지만 런던 브리지는 런던 타워브리지보다 템스강 상류에 위치해 있으며, 상자 형태로 된 소박하고 전혀 눈을 잡아끌지 않는 다리다.

랜드 마크로 유명한 도시의 다리 중 일부는 보행자만을 위해 지어졌다. 이탈리아 피렌체에서 1345년에 재건 및 완공된, 아르노강에 세워진 베키오 다리가 그렇다. 베키오 다리는 이탈리아에서 현존하는 가장 오래된 폐쇄식 아치형 석조 다리다. 다리 위에는 지금도 중세 시대처럼 상점이 빽빽하게 들어서서 활발하게 상업 활동을 이어 가고 있다.

(상) 영국 템스강에 세워진 타워브리지. 네오고딕 양식으로 만들어져 정교하고 아름답다.
(하) 이탈리아 베네치아의 산 마리코 광장 인근에 있는 '탄식의 다리'.
죄수들이 다시는 돌아갈 수 없는, 세상과의 작별을 느꼈다고 해서 탄식의 다리로 불린다.

이탈리아 베네치아의 산마르코 광장 인근에는 '탄식의 다리'라고 불리는 유명한 다리가 있다. 1600년에 완공된 이 다리는 초기 바로크 양식 형태로, 궁전강Rio di Palazzo 위에 세워져 베네치아 총독부 취조실과 사형수들을 위한 감옥을 연결하고 있다. 석회암으로 만든 폐쇄식의 아치형 다리이며, 집 모양으로 다리 위를 덮어 놓아 대단히 견고하다. 또한 운하를 바라볼 수 있게 한쪽 면에만 통풍을 위한 작은 창을 내놓았다. 탄식의 다리라는 이름은 19세기 영국 낭만파 시인 조지 고든 바이런 경이 명명한 것이다. 그런데 다음과 같은 이야기도 전해진다. 당시 죄수들이 총독부에서 심판을 받고 다리를 건너 죽음의 감옥으로 들어갈 때 그들에게 닥친 것은 다시는 돌아갈 수 없는 세상과의 작별이었다. 이들에게 다리는 삶과 죽음이라는 공간을 분리시켜 놓은 곳이었을 것이다.

이에 죄수들은 사방이 막힌 돌다리를 건너다가 다리 위에 뚫린 작은 창으로 아름다운 베네치아 풍경을 마지막으로 바라보며 깊은 탄식을 내뱉었다고 한다. 탄식의 다리가 마치 중국의 민간 전설에 등장하는 저승의 내하교奈何橋와 같은 공간이었던 것이다. 이 밖에도 예술의 다리라는 뜻을 지닌 파리의 퐁 데 자르, DNA 이중 나선형 구조를 모방해 디자인된 싱가포르의 헬릭스 브리지는 모두 도시에 있는 유명한 보행자 전용 다리이며, 모두 각자만의 독특한 개성을 지녔다.

내가 가장 좋아하는 도시의 보행자 전용 다리는 프랑스 프로방스 지방에 위치한 옛 교황청 소재지에 있다. 바로 아비뇽 교황청 옆을 흐르는 론강의 끊어진 다리다. 이 다리의 원래 이름은 생 베느제 다리다. 과거 국력이 강성했던 프랑스는 천주교를 압박해 로마 교황청을 아비뇽 지역으로 옮기도록 했다. 이에 교황청은 1309년부터 1378년까지 아비뇽에 있었으며, 이 기간 동안 총 7대에 걸쳐 프랑스 국적의 교황이 나왔다. 이를 두고 고대 유대인의 '바빌론 유수'에 빗

대어 '아비뇽 유수'라고 부르고 있다. 생 베느제 다리는 아비뇽 유수 기간 동안 당시 교황청 영토와 프랑스 국토를 연결해 주는 유일한 매개체였다. 훗날 교황청은 다시 바티칸으로 돌아갔다. 다리는 1668년에 홍수에 끊어졌고, 그 누구도 복구하려 들지 않아 지금은 무너진 모습 그대로 남아 있다. 다리가 끊어진 채로 남아 있게 된 이유는 그 자체의 역사를 간직하기 위해서였다. 아울러 끊어진 다리가 만들어 낸 도시 풍경에서 사람들이 더 많은 의미를 찾아보고 음미하도록 하기 위해서였다. 생 베느제 다리는 부서지고 끊어진 후 아비뇽 다리라는 이름을 얻었다. 그리고 웅장하고 아름다운 교황청과 대비를 이루며 아비뇽 지역의 랜드 마크가 되었다.

끊어진 다리는 온전히 제 모습을 간직한 다리보다 훨씬 아름다웠으며, 훨씬 많은 이야기를 담고 있었다. 또한 현지 시민들의 역사, 고적, 도시 경관을 대하는 독특한 관점도 반영하고 있었다. 나로서는 그것을 더 깊이, 더 많이 음미해 볼 수밖에 없었다.

아비뇽 교황청 옆을 흐르는 론강의 끊어진 다리.
역사를 간직하기 위해 무너진 모습 그대로 남아 있다.

29 SKY OF CITY

도시 하늘 감상법

고도의 집중 현상은 도시가 지닌 중요한 특징이다. 인구 밀집, 자원 집중, 기회 집중…. 사람들로 가득 찬 도시에서 분배의 불균형은 어쩔 수 없이 발생하는 현상이며, 종종 빈부 격차를 악화시키는 M 자형 성장경기 상승 이후 일정 기간 경기 하강 또는 조정기를 거친 후 재상승하는 성장 형태을 야기한다. 유엔개발계획UNDP에서도 도시 빈곤을 이번 세기 도시 발전을 가로막고 있는 가장 껄끄러운 난제로 선정할 정도로 빈부 격차는 심화되었다.

토지는 도시에서 가장 희귀한 자원이다. 빈부 격차로 인해 가장 두드러지게 나타나는 현상 역시 토지 보유량이나 개인 공간 보유량의 격차다. 중국 문학에서 도시 속 빈궁함을 표현할 때 '송곳조차 꽂을 땅이 없다無立錐之地'라는 표현을 자주 쓴다. 너무 가난해서 송곳조차 꽂을 작은 땅이 없다는 말은 동한 시대의 사학자 반고가 집필한『한서漢書』「식화지食貨志」편에 등장하는 구절이다.

> 부자의 밭은 천백에 달하나, 빈자는 송곳을 꽂아 둘 아주 작은 땅조차 없다富者田連仟伯, 貧
> 者亡立錐之地.

그런데 물질적으로 빈곤하다고 해서 정신까지 빈곤하란 법은 없다. 사람은 꿈이란 걸 꿀 수 있으며, 자신을 독려하고 노력해 나아갈 수 있는 존재다. 도시라는 공간에 사람들로 꽉 들어차 숨 막혀 죽을 것 같다는 생각이 든 적이 있는가? 그렇다면 고개를 들어 확 트인 하늘을 바라보며 상상의 나래를 펼쳐 보는 건 어떨까?

도시와 관련해 상상력의 날개를 달아 준 예를 꼽으라면, 일본 애니메이션 감독인 미야자키 하야오의 유명한 작품 〈천공의 성 라퓨타〉에 등장하는 소재, 즉 날아다니는 도시 라퓨타가 있다. 많은 사람이 미야자키 하야오가 라퓨타를 창조했다고 알고 있지만, 사실 그는 라퓨타를 전승했을 뿐이다. 서양 문학사에서는, 특히 공상과학 소설사에서는 오래전부터 하늘을 떠다니는 도시라는 모티프가 있었다. 그 기원을 찾아 올라가 보면, 가장 일찍 등장한 작품은 아일랜드 작가 조너선 스위프트가 18세기 전기에 출간한『걸리버 여행기』다.

판타지 소설인『걸리버 여행기』는 1726년에 처음 출판되었으며, 1735년에 총 4부로 구성된 완성판이 출판되었다.『걸리버 여행기』는 다음과 같이 구성되어 있다. 우선 사람들에게 잘 알려진「작은 사람들의 나라 - 릴리퍼트 기행」과「큰 사람들의 나라 - 브롭딩낵 기행」이 있다. 그리고 앞의 두 시리즈보다 상대

적으로 덜 유명한 「하늘을 나는 섬의 나라 - 라퓨타, 발니바르비, 럭낵, 글럽덥
드립, 일본 등의 나라 기행」과 「말들의 나라 - 휴이넘 기행」이 있다. 세 번째 시
리즈인 「하늘을 나는 섬의 나라 - 라퓨타, 발니바르비, 럭낵, 글럽덥드립, 일본
등의 나라 기행」을 보면, 걸리버가 하늘을 떠다니는 왕국을 여행하게 되는데,
이곳의 이름이 라퓨타. 더군다나 오랜 여행의 마지막 행선지로 섬나라 일본
이 등장한다. 걸리버는 일본에서 에도의 천황—사실은 막부의 장군—을 알현한
다. 그리고 천황의 도움으로 나가사키로 건너가 네덜란드 사람의 배를 타고 유
럽으로 돌아간다. 미야자키 하야오는 분명 이 세 번째 시리즈에서 영감을 받아
〈천공의 성 라퓨타〉를 만들었을 것이다.

미야자키 하야오 감독의 〈천공의 성 라퓨타〉 포스터

하늘을 떠다니는 도시를 모티프로 창작된 작품은 셀 수 없이 많다. 그중 몇 작품을 꼽아 보면 다음과 같다. 우선 〈스타 트렉〉 시리즈로 이름을 알린 미국 공상과학 작가 제임스 블리시가 1950년부터 1962년에 걸쳐 집필하고 출판된 『시티스 인 플라이트Cities in Flight』라는 4부작 소설이 있다. 그리고 영국 작가 찰스 스트로스가 금성 상공에 떠다니는 도시를 소재로 집필한 『금성의 아이들Saturn's Children』도 있다. 이 작품은 찰스 스트로스에게 수많은 상을 안겨 줬다.

고산지대에 위치한 일부 도시에서도 '하늘의 도시'라는 별명을 지닌 곳을 찾아볼 수 있다. 그중 가장 잘 알려진 곳은 세계의 7대 불가사의 중 하나이며, 페루의 잉카제국 시대 도시 유적지인 마추픽추다.

페루에 있는 잉카제국 시대 도시 유적지인 마추픽추

베니션 마카오 호텔의 인공 하늘. 진짜라는 착각이 들 정도로 하늘 그림이 ....

하지만 공상과학 소설은 너무 허구적이고, 마추픽추는 너무 멀다. 그래서 누군가는 도시 위에 있는 하늘을 올려다볼 것이다. 때로는 높이 솟은 건축물이나 고가 철로를 따라 시선을 연장해 볼 것이다. 어떤 때는 누군가가 심혈을 기울여 디자인한, 아름다운 모자이크로 장식된 지붕에 매료도 되어 볼 것이다. 누군가는 스카이라인, 즉 도시에서 고층 빌딩과 하늘이 만들어 낸 전체적인 윤곽을 도시를 감상하는 중요한 기준으로 삼을 것이다.

스카이라인은 도시 구조 전체가 만들어 낸 인공의 하늘이다. 스카이라인의 모양에 따라 각각의 도시는 전혀 다른 인상을 지니게 된다. 따라서 이 세상에서 똑같은 모양의 스카이라인은 있을 수 없다. 그런데 인공적으로 만들어진 하늘도 있다. 비교적 긍정적인 반응을 받은 작품으로는 다음과 같은 것들이 있다.

우선 타이완 예술가 쫭푸莊普가 타이베이 지하철에 설치한 공공 예술 작품인 '오가는 즐거움, 행복한 구름行走的樂, 快樂的雲'은 실내 하늘을 그대로 재현해 냈다. 마카오에 있는 호텔 베니션 마카오에는 천장에 진짜라는 착각이 들 정도로 정교하게 그려진 하늘 그림이 있다.

타이완 예술가 쫭푸가 타이베이 지하철에 설치한 공공 예술 작품.
'오가는 즐거움, 행복한 구름'. 실내 하늘을 그대로 재현했다.

이 작품들을 보다가 나는 대륙 예술가 천단칭陳丹靑이 『퇴보집 속편退步集續編』에서 언급한 상상과 가상이란 두 가지 다른 개념이 떠올랐다. 천단칭은 이른바 상상은 "자신을 주체로 한 상태에서 침착하게 외부에서 오는 여러 새로운 사물과 새로운 관념을 받아들이는 것"이라고 했다. 한편 가상은 "자신이 모방하고 싶은 대상과 자신이 되고 싶은 역할이 실제로는 그렇지 않은데도 그렇게 생각해 버리는 것"이라고 정의 내렸다.

도시 안의 하늘은 너무나 다양해서 어떤 때는 예상한 모습을, 또 어떤 때는 예상 못했던 모습을 하고 있다. 그리고 어떤 하늘은 만날 수도 있지만, 또 어떤 하늘은 만나지 못할 수도 있다. 나는 이 다양한 하늘이 우리에게 준 게 항상 가상이 아닌 상상이길 바라고 있다.

살바도르 달리의 동상 작품. 감히 하늘을 직시하지 못하고 손으로 얼굴을 가리고 있다.

(상) 프랑스 파리 지하철 터널의 아치형 천장에 자리 잡은 공공 예술 작품
(하) 홍콩 빅토리아 항의 스카이라인

30 CITY TOWER

진보 사관이 낳은 현대 바벨탑 신화

인류는 무리를 지어 거주하는 동물이다. 도시의 건립은 무리 생활을 하는 영장류가 힘을 합쳐 이뤄 낸 위대한 성취 중 하나다. 도시는 진보를 의미하며, 갈수록 높아지는 도시의 건축물은 인류의 진보를 보여 주는 상징물이다.

진보 사관도 16, 17세기에 진보에 따라 유럽의 도시에서 싹텄다. 진보 사관은 기독교라는 종교적인 직선 사관히브리식 역사관이라고도 하며, 시작인 창조가 있으면 끝인 종말이 있다고 보는 역사관이다에서 탈피해 역사를 보는 관점이다. 원래 기독교적 사관에 따르면, 인류의 행위는 하나님의 결정으로 이뤄지며, 인간은 자신의 의지에 따라 자신의 발전 방향을 결정할 수 없다. 그러므로 하나님을 믿으면 동양 종교에서 등장하는 윤회를 거쳐 다음 생을 살 수 없다. 오로지 장기판의 후퇴할 수 없는 졸卒처럼 발전을 위해 사력을 다해 나아가는 수밖에 없다. 이에 르네상스 시대에 프랑스 사학자 장 보댕은 진보 사관의 개념을 명확히 제시했으며, 과학 지식이 인류를 나아가게 했다고 믿었다. 그는 사회를 부단히 발전시키고 진보시키는 가운데 지속해서 발전하면, 현재는 과거보다 더욱 진보하게 되며, 미래 역시 현재를 뛰어넘게 된다고 봤다.

이와 같은 관념은 영국 철학가 프랜시스 베이컨에 의해 더욱 구체화되었다. 베이컨은 인류 역사의 진보는 지식의 기초 위에 세워졌으며, 과학이 진보해야 인류 사회도 끝없이 진보한다고 설명했다. 프랑스 철학자 샤를 페로도 베이컨과 동일한 논조를 견지했다. 샤를 페로는 지식은 시간의 흐름과 함께 늘어나므로 새로운 지식은 구지식을 대체할 수밖에 없으며, 지식은 계속 위로 쌓이므로 그 수준은 날로 높아진다고 말했다. 진보 사관의 발전 과정과 관련해 이탈리아 학자 지암바티스타 비코도 "역사는 낮은 단계에서 높은 단계의 시대로 발전하는 진보라는 과정을 거치며, 이는 세 단계로 나뉜다"고 말했다. 이 세 단계는 신의 시대, 영웅의 시대, 범인의 시대이며, 나선형처럼 점진적인 상승을 보인다. 또한 지암바티스타 비코는 '세상은 인류가 창조했다'는 역사관을 내놓음으로써 서양 진보 사관에 거대한 영향을 미쳤다. 볼테르는 이성은 인류 진보의 동력이라고 생각했다. 그는 인류 역사의 진보라는 사상으로 하나님이 인간 세상의 운명을 결정한다는 관념을 대체했다. 또한 볼테르는 신학 사관을 비판했으며, 아울러 역사 편찬의 범위를 인류 각 방면의 활동으로 확대했다. 즉, 인류의 전체 역사를 놓고 비교하는 연구를 진행한 것이다.

지식의 계몽은 평범한 인간도 무한히 발전할 수 있다는 팽창적인 믿음을 낳았다. 그러자 하늘과 대등한 높이가 되려는 야심도 속속 등장했다. 고대 전설에 나오는 바벨탑 신화가 재현되기 시작한 것이다.

바벨탑은 히브리어로는 Migddal Bavel미그달 바벨, 영어로는 Tower of Babel타워 오브 바벨이라고 쓰며, 중국어로는 발음을 따라 번역했을 때는 巴別塔바베타, 의역했을 때는 通天塔통텐타라고 쓴다. 바벨은 히브리어에서 변란變亂이란 뜻이다. 약 기원전 1400년경에 『성경』 「창세기」 제11장에 기록되었다고 한다. 성경 내용에 따르면, 고대 인류는 자신들의 능력을 널리 알리고 계승한다는 명목으로 힘을 합쳐 하늘 높이 뻗어 올라가는 탑을 만들기 시작했다. 이 사실을 알게 된 하나님은 인류의 야심찬 계획을 저지하기 위해 신통력을 발휘했고, 인류에게 서로 말이 통하지 않도록 각기 다른 언어를 사용하도록 했다. 사람끼리 의사소통을 할 수 없게 되자 탑 건설 계획은 수포로 돌아갔다. 인류는 충돌했고 결국 흩어진 것이다.

(좌) 16세기 유화, '바벨탑'. 자신들의 능력을 널리 알리고 계승한다는 명목으로 고대 인류는 하늘 높이 뻗어 올라가는 탑을 만들었다.
(우) 인도네시아의 불교 유적지 보로부두르에 있는 불탑. 만다라를 입체적으로 구현한 불가사의의 대탑이다.

『코란』에도 유사한 이야기가 등장한다. 이집트 파라오가 신하 하만에게 높이 솟은 탑을 건설하라고 명령한다. 파라오 자신이 탑을 타고 천당으로 올라가 모세의 주님과 만나기 위해서였다. 하지만 이 탑은 현재 이름조차 남아 있지 않다.

중국에는 원래 탑을 높이 세운다는 개념이 없었다. 불탑은 불교와 마찬가지로 고대 중국인이 서방세계라고 인정한 인도에서 기원했다. 불교가 중국으로 들어오기 전인 서기 1세기까지도 중국 한자에는 塔탑이라는 단어가 등장하지 않는다. 불교가 중원으로 들어올 때 산스크리트어인 스투파Stupa와 팔리어 투포Thupo가 塔婆탑, 浮圖부도, 浮屠부도 등의 이름으로 번역되었다. 그리고 수나라와 당나라 시대에 이르러서야 塔탑이라는 글자가 창조되어 점차 통일된 번역명으로 자리 잡게 되었다.

재미있게도 불탑은 중국화된 후에 점차 높아졌다. 명나라 시기 풍몽룡의 『성세항언』을 보면 '한 사람의 목숨을 구하면, 7층으로 된 불탑을 쌓는 것보다 낫다救人一命, 勝造七級浮屠'라는 유명한 구절이 있다. 과시적으로 탑을 쌓는 행위가 정성으로 간주되어 불탑이 날로 높아지는 당시 상황을 묘사한 것이다. 아울러 사람을 구하는 데는 전혀 신경 쓰지 않으면서 높은 탑을 짓는 데에만 열중하는 인간의 왜곡된 심리와 경향을 잘 보여 주고 있다.

중국뿐만 아니라 다른 동서양 도시에서도 바벨탑 신화가 남긴 경고는 아랑곳하지 않고, 서로 약속이라도 한 듯 높은 탑을 짓기 시작했다. 마치 계주 경기를 하듯이 탑, 기념비, 마천루의 고도는 날로 높아졌다. 물론 초고층 빌딩을 향한 반성이 일기도 했다.

(상) 911테러 이전의 뉴욕 세계무역센터 쌍둥이 빌딩
(좌) 베를린의 TV 탑
(우) 도쿄의 스카이 트리

2001년 9월 11일 미국 뉴욕에서 발생한 테러 사건 때문이었다. 테러리스트들은 비행기를 납치해 당시 최고층 빌딩이었던 세계무역센터와 충돌시키는 자살 테러를 일으켰다. 그러자 전 세계의 수많은 지식인들이 초고층 빌딩의 안전 문제에 대해 진지하게 반성하기도 했다. 하지만 이 세상의 고층 빌딩과 고층 탑의 높이는 여전히 꾸준하게 기록을 경신해 나가고 있다.

정말 재미있게도 세상일은 항상 돌고 돌며, 같은 일이 반복적으로 일어난다. 20세기 말부터 타이베이 101 빌딩, 서울의 롯데 타워, 상하이의 상하이 타워, 도쿄의 스카이 트리, 두바이의 부르즈 할리파가 등장했다. 마치 마술용 모자에서 툭 튀어나온 것처럼, 세계 최고층 건물이라는 명예를 달고 아시아 주요 국 도시에서 초고층 건물들이 다시금 등장한 것이다.

지금까지 서아시아에서 발원한 옛 바벨탑 신화를 21세기에 다시 살펴봤다. 또한 장기간 인류 발전에 영향을 미쳤지만, 오히려 우려스러운 진보 사관과도 대조해 봤다. 이제 도시에게 필요한 것은 다른 유형의 발전 모델이 아닐까?

프랑스 파리의 대표적인 상징물 에펠탑

(상) 프랑스 남부의 리옹의 랜드마크, 신용대출은행 빌딩
(하) 프랑스 파리에 있는 성당의 종탑

31 URBAN MUSEUM

만인에게 가장 우아한 방식으로

도시는 자원과 기회가 고도로 집중되는 장소다. 그리고 이 고도의 집중이 가장 우아하고도 문화적으로 나타나는 곳이 바로 박물관이다. 박물관은 영어로 뮤지엄Museum이라고 쓴다. 고대 그리스어 뮤세이온Mouseion에서 왔으며, 원래의 뜻은 여신 뮤즈Muses를 경배하기 위한 사원이다. 국제적으로 유명한 박물관들은 시민을 위한 중요한 휴식 공간이자 지식을 탐구하는 장소이자 외지 방문객이 찾는 성지다. 파리의 루브르궁, 런던의 대영박물관, 뉴욕의 메트로폴리탄 박물관, 상트페테르부르크의 에르미타주 미술관, 타이베이와 베이징의 고궁박물관은 도시의 중요한 상징이 되었다.

일반적으로 공인된 인류의 첫 번째 박물관은 알렉산드리아 도서관이다. 기원전 300년경에 설립되었으며, 이집트 나일강 하구의 알렉산드리아 항에 위치해 있었다. 이 위대한 도서관은 뮤세이온Mouseion 또는 무사이움Musaeum이라고도 불렸다. 이 알렉산드리아 도서관을 창건한 사람은 프톨레마이오스 1세다. 그는 알렉산더 대제 휘하에 있던 장군이자 친구였으며, 알렉산더 대제가 젊은 나이에 세상을 떠나자 스스로 그의 자리를 승계한 인물이다. 알렉산드리아 도서관은 프톨레마이오스 2세, 3세를 거쳐 확충되었으며, 곧 그리스 문화의 지식 센터로 자리 잡았다. 이 도서관은 고대 그리스의 알렉산더 대제와 프톨레마이오스 왕조가 유럽, 아시아, 아프리카와 정복 전쟁을 치르면서 상대국을 무너뜨리고 가져온 국보급 전리품의 소장 장소이기도 했다. 또한 각국에서 가져온 예술품, 표본, 진귀한 보물, 수공으로 제작된 지도, 손으로 필사한 서적들의 소장 장소였다. 하지만 당시 박물관은 정부 측 학자에게만 연구용으로 공개했으며, 외부에는 개방하지 않았다고 한다.

르네상스 시대가 되자 유럽의 왕, 왕족, 귀족들은 궁전과 성에 진귀한 물품만을 보관하는 소장고를 만들기 시작했다. 그런데 이곳은 사회적으로는 엄격히 격리된 곳이었으므로 지극히 소수의 상류층에게만 구경할 수 있는 자격이 주어졌다. 초기 박물관은 특권 부유층인 개인, 가문 또는 학술기관의 개인이 지닌 소장품에서 시작

19세기 네덜란드 화가가 그린 알렉산드리아 도서관

되었다. 이 소장품들은 표본, 문물, 서적과 같이 모두 희귀하고 엽기적이며 눈을 휘둥그레지게 만들었다.

세계 첫 공공 박물관은 17, 18세기 계몽 시대에 유럽에서 등장했다. 영국 역사에서 가장 오래된 박물관인 런던탑에 있는 왕립 무기고 박물관도 그중 하나다. 역사 자료를 살펴보면, 특정 주제로 구성된 왕립 무기고 박물관은 이미 1592년에 특수 방문객에게 관람료를 지불받은 기록이 있다. 하지만 진정한 의미에서 대중에게 개방된 시기는 1660년부터다.

프랑스 동부의 브장송 고고학 예술 박물관은 1694년에 만들어졌다. 아마도 프랑스 최초의 박물관으로 수도원 원장이 개인 소장품을 자신이 살고 있는 도시에 기부하면서 만들어졌다. 한편 프랑스 문화의 대표 주자인 루브르궁이 일반인에게 개방하기 시작한 시점은 1789년 프랑스대혁명 이후다.

이탈리아에서 국가 속 국가로 불리는 교황청은 1756년에 로마에서 바티칸 박물관을 열었다. 한편 런던 대영박물관은 1753년에 만들어졌으며, 1759년에 대중에게 개방했다. 이탈리아 피렌체의 우피치 미술관 역시 16세기부터 관광객들의 요구를 받아들여 개방하기 시작했으며, 1765년에 정식으로 대중에게 개방했다. 오스트리아 빈 서남부에 위치하고 일찍이 신성 로마제국, 오스트리아 제국, 오스트리아-헝가리 제국, 합스부르크 왕가 등이 왕궁으로 사용한 쇤부른 궁전 또한 1781년에 공공 박물관이 되었다.

하지만 앞서 서술한 소위 공공 박물관은 종종 사회적으로 중상류층 또는 납세를 하고 있는 유한계급인 사람에게만 출입이 허용되었다. 더구나 입장권을 얻기란 하늘의 별 따기였다. 일례로 런던의 대영박물관의 경우 1759년에 대중에게 개방하겠다고 선포됐지만, 참관을 원한 방문객들은 반드시 서면으로 신청서를 제출해야 했다. 1800년에 이르러서도 대개 두 주 정도를 기다려야만 참

(상) 영국 런던의 대영박물관. 1753년에 만들어진 대영박물관은 6년 후인 1759년에 대중에게 개방했다.
(하) 프랑스 문화의 대표 주자인 파리의 루브르궁. 1793년에 정식으로 일반인에게 개방되었다.
파리대혁명 이후 계급 간의 차별이 타파되었기에 가능했다. (출처: wikimedia)

관 동의서를 얻을 수 있었으며, 소수의 단체 관람객일 경우 박물관에서 관람할 수 있는 시간은 두 시간으로 제한되었다. 영국의 박물관이 모든 신분에게 박물관을 개방한 시점은 빅토리아 시대에 이르러서다. 박물관이 일요일 오후에 개방되자 평일에는 일해야 하는 노동자 계급도 신분이 상승하는 기분을 만끽하며 주말에 박물관에서 자기 계발을 할 수 있었다.

피렌체 우피치 미술관의 가장 진귀한 소장품. 다비드상

진정한 의미의 세계 첫 공공 박물관은 실은 파리의 루브르궁이다. 루브르궁이 정식으로 개방된 시기는 1793년으로 파리대혁명 이후 계급 간의 차별이 타파되었기에 가능했다. 이 시기에 역사상 처음으로 각기 다른 계층이 평등하고 자유로운 상태에서 함께 프랑스 왕조의 보물을 감상할 수 있었다. 수 세기 동안 프랑스 군주들이 각지에서 수집한 위대하고, 예술적이고, 진귀한 소장품은 이때부터 열흘을 주기로 사흘씩 대중에게 개방되었다. 이와 같은 변화는 전 유럽뿐만 아니라 전 세계 박물관이 공공화되는 데 지대한 영향을 미쳤다.

소장품이 시민에게 공유되고, 지식의 보고와 영감의 원천이 될 때, 박물관이라는 이 독특한 장소는 도시의 중요한 자석이 된다. 즉, 세계 각지에서 사람들이 수고로움을 마다않고 무언가를 배우기 위해 저절로 박물관으로 찾아오도록 만드는 것이다. 이로써 발생한 교육 효과는 물결처럼 멀리멀리 퍼져 나가 모든 것에 영향을 미친다. 도시는 예나 지금이나 자원과 기회가 고도로 집중된 장소다. 하지만 공공의 이념이 가져다준 공평한 기회 덕분에, 도시는 변화와 위로 향해 갈 수 있는 보이지 않는 가능성을 제공해 주는 장소가 되었다.

내가 본 교과서에 다음과 같은 구절이 있었다.

박물관은 공공 교육의 목적을 위해 예술, 문화, 과학적인 의의를 지닌 전시품을 수집, 보존, 해석한다.

그런데 내가 느낀 박물관에 관한 정의는 약간 달랐다. 박물관은 도시의 예술성, 문화성, 과학성을 강화해 주는 곳이었다. 아울러 소리 없이 만물을 윤택하게 만드는 교육적 기능과 공유라는 특성을 통해 만인에게 가장 우아한 방식으로 도시의 공공성을 보여 준다.

제8부

문화 타르트

32 AMERICANIZATION

코카콜로니제이션과 맥도날디제이션

수많은 세계사 연구자는 미국의 부상은 20세기, 특히 제2차 세계대전 이후 세계정세가 급격히 반전하면서 나타난 특이 현상이라고 생각한다. 심지어 미국이 강대해진 이유를 단순히 제1차와 제2차 세계대전을 치르면서 막대한 전쟁 자금을 끌어모은 결과라고 치부해 버리는 관점도 있다. 하지만 제1차 세계대전이 발발하기 이전에도 미국의 국력은 영국, 프랑스, 독일 등 유럽 열강들과 어깨를 나란히 했다. 전형적인 예가 바로 지하철이다. 미국의 첫 번째 지하철 노선은 뉴욕에서 1868년에 개통되었다. 이는 1863년에 세계 최초로 지하철을 도입한 런던 다음이다. 19세기의 미국은 농업 확장, 교통 혁명, 산업 발전, 도시화 진전 등 중요한 경제적인 기반을 이미 다져 놓은 상태였다. 이것이야말로 미국이 눈부신 발전을 이룰 수 있었던 중요 원인이다.

제2차 세계대전 후 미국의 글로벌 영향력이 급속하게 늘어나고, 1980년대 말 전 세계에 '일초다강'이라는 권력 구도가 생겨났다. 미국이 전 세계 패권을 장악하기까지 걸린 시간이 약 40년밖에 되지 않는다는 사실에 사람들은 놀라움을 금치 못했다. 이에 정치 평론가들은 다양한 시각, 관점, 모델을 동원해 미국화라는 독특한 현상을 서술하고 해석하기 시작했다. 그중에서도 사람들의 눈을 번쩍 뜨이게 한 것은 재미있고도 깊은 의미가 담긴 코카콜로니제이션과 맥도날디제이션이었다.

코카콜로니제이션Cocacolonization은 1886년 발명되어 여러 나라에서 탄산음료 시장을 석권한 미국 음료 코카콜라Coca-Cola와 식민지화라는 뜻의 영단어 콜로니제이션Colonization이 결합해 탄생한 복합어. 뜻은 미국을 대표로 하는 서양 문화 제국주의의 글로벌화 또는 문화 식민지화다. 일설에는 이 단어가 1949년 프랑스 공산당 인사가 파리의 카페에서 미국에서 들어온 코카콜라가 사랑받는 것을 보고는 독일을 이기고 해방군의 모습으로 들어온 문화 침략에 침통함을 느껴 만들어 낸 신조어라고 한다.

맥도날디제이션McDonaldization은 미국 사회학자 조지 리처가 1993년에 출판한 명저『사회의 맥도날디제이션The McDonaldization of Society』에서 사용한 단어다. 이 단어는 1980년대 말, 자본주의가 전승을 거둔 후 전 세계적으로 사회가 자본주의를 따라 변천한 네 가지 방향을 서술하는 데 사용되었다. 네 가지 방향은 다음과 같다. 첫째, 효율적이어야 한다. 효율을 이상적인 작업인지 여부를 판단하는 주요 기준으로 삼고 있다. 둘째, 계산 가능성의 요구다. 계산 가능성이란 객관화된 양적인 데이터가 있어야 한다는 것을 뜻한다. 셋째, 예측 가능성이다.

표준화되고 획일화된 상품과 서비스를 제공하기 위해 필요하다. 넷째, 통제 가능성이다. 표준화되고 획일화된 생산을 가능하게 할 직원을 고용하고 훈련하는 것이다. 이 네 가지 특징은 바로 1940년에 미국에서 탄생한 맥도날드 패스트푸드 체인점의 기본 운영 방침이기도 하다.

전 세계 도시 가운데 미국화의 거센 물결 속에서 살아남은 곳은 없다. 실제 도시환경 속으로 들어가 보면, 곳곳에서 코카콜로니제이션과 맥도날디제이션의 흔적을 찾아볼 수 있다.

예를 들어 체코 수도인 프라하에서 청춘 양식이란 뜻의 '유겐트슈틸' 양식으로 지어진 고전 건축물 옥상에 붉은색 글씨의 코카콜라 상표가 걸려 있다. 아름다운 도시의 스카이라인을 큼지막하게 걸린 상표가 거칠게 바꿔 놓은 것이다.

포르투갈 리스본이나 중국 동북 지역인 다롄 시의 거리에서도 코카콜라 광고로 도배된 경전철을 볼 수 있다. 심지어 코카콜라 반대를 대대적으로 펼치고 있는 파리도 예외가 아니다. 원래 유럽에서 카페는 구세계의 상징과도 같은 공간이다. 그런 카페에서도 현재 프랑스 유명 디자이너인 장 폴 고티에가 디자인한 코카콜라 광고를 붙여 놓았다. 광고에 등장하는 코카콜라는 내용물은 그대로이지만 최신식 의상을 입고 '겉모습'만 완전히 바꾼 채 사람들을 유혹하고 있다.

맥도날드 패스트푸드점도 전 세계적으로 없는 곳이 없다. 드러내 보이는 방법만 약간 차이가 있을 뿐, 본질적으로는 코카콜라와 똑같다. 맥도날드는 맨 처음 미국 고속도로 옆에 세워 둔 명시성이 높은 황금색 M 자를 지금도 될 수 있으면 고수하려 하고 있다. 내가 타이베이 외곽의 단수이 지역에서 본 맥도날드 가게에는 눈에 띄게 큰 M 자가 건물 외벽에 걸려 있었다.

(상) 체코 프라하의 유켄트슈틸 양식으로 지어진 고전 건축물 옥상에 걸린 코카콜라 상표
(좌) 포르투갈 리스본의 온통 코카콜라 광고로 도배된 경전철
(우) 프랑스 파리 카페에 놓인 코카콜라 광고,
내용물은 그대로이지만 최신식 의상을 입고 '겉모습'만 완전히 바꾼 채 사람들을 유혹하고 있다.

(상) 오스트리아 잘츠부르크에서 만난 수려하고 아름답게 만들어진 맥도날드 간판
(하) 프랑스 루앙의 현지화된 맥도날드 간판, 전통적인 벽면과 묘하게 어우러진 디자인이다.

오스트리아 잘츠부르크 게트라이데 거리에서 본 맥도날드의 황금색 M 자 간판은 훨씬 섬세하게 지역 특색을 입혀 놓은 경우였다. 예술품이란 착각이 들 정도로 주철로 만든 아름답고 정교하게 만들어 놓았다. 프랑스 루앙에서 찾은 황금색 M 자가 들어간 맥도날드 광고판은 나무 골격으로 된 전통적인 벽면과 묘하게 잘 어우러지도록 디자인되어 있었다. 이탈리아 베네치아에서 찾아낸 황금색 M 자를 달은 맥도날드 가게는 겸손하게도 골목 안으로 쏙 들어가 움츠리고 있었다. 그래서 너무 작아서 어지간해서는 눈에 잘 띄지 않을 정도였다.

오스트리아, 프랑스, 이탈리아에서 본 맥도날드 패스트푸드점은 사회학 전문용어를 사용해 분석하자면, 글로컬리제이션Glocalization의 구체화라고 할 수 있다. 글로컬리제이션도 글로벌Global과 현지화Localization가 합쳐져 탄생한 합성어다. 그런데 이 단어는 신중하게 접근할 필요가 있다. 글로컬리제이션은 절대로 반글로벌화가 아니기 때문이다. 오히려 그 반대며, 사람들이 경각심이나 반감을 쉽게 일으키지 않도록, 훨씬 섬세한 방법으로 진행되는 글로벌화이기 때문이다. 파리에서 만난 코카콜라가 훨씬 감각적인 최신식의 포장을 입은 것처럼, 타이완의 타이베이 맥도날드에서 쌀밥을 주재료로 한 채식 상품을 내놓은 것처럼 말이다. 이처럼 글로컬리제이션은 절대 포기하는 법 없이, 아주 조금씩 지속적으로 매우 작은 디테일부터 파고들었다. 이로써 우리의 생활과 도시가 미국화되도록 만들었다.

33 URBAN LANDMARK
피라미드에서 마라톤으로

타이베이의 랜드 마크가 무엇이냐고 물었을 때 나도 대부분의 사람들과 마찬가지로 무언가가 머릿속에서 툭 하고 떠올랐다. 바로 타이베이 101이었다.

너무 반사 반응처럼 생각나다 보니, 타이베이 101에 대해 너무 틀에 박힌 도시의 인상을 지녔음을 깨닫게 되었다. 이 틀에 박힌 인상은 엄연히 도시의 정취에 대한 편견이자 그것을 간략화하는 행위였다. 그래서 자문해 봤다. '랜드 마크가 지닌 지위는 절대 변하지 않는 것일까? 시대마다 그 시대에 속하는 랜드 마크가 있지는 않을까?'라고 말이다.

그러자 중국 사회학자 쑨리핑孫立平이 1990년대에 파리를 방문했을 당시 프랑스 고등사회과학원 교수인 알랭 투렌에게 던진 질문이 생각났다.

"최근 몇 년 동안 프랑스 사회구조에서 나타난 가장 중요한 변화는 무엇입니까?"

알랭 투렌의 대답은 무척이나 간결했다.

"'피라미드'에서 '마라톤'으로 변한 것이지요."

알랭 투렌의 말에는 다음과 같은 뜻이 담겨 있다.

과거 프랑스 사회는 피라미드 형태의 차등화된 구조였다. 그러니 이와 같은 구조에서는 사람과 사람 사이에 계급과 지위에 따른 차별이 존재할 수밖에 없다. 또한 모든 사람이 피라미드라는 하나의 구조 속으로 들어갈 수밖에 없게 된다. 반면 오늘날에는 이와 같은 구조가 급속히 사라지고 있다. 대신 오랫동안 달릴 수 있는 인내심의 상징인 마라톤 구조가 피라미드 구조를 대체했다. 마라톤 구조에서는 매 구간마다 뒤떨어지고 낙오하는 사람이 발생할 수밖에 없다. 낙오자가 발생하는 원인은 사람마다 체력이 제각각이라 따라오지 못하는 사람이 나타나서다. 가치관에 변화가 생겨 방향을 트는 사람이 발생해서라고도 볼 수 있다. 버려지고 낙오한 사람은 지금의 사회구조에서 이탈될 수밖에 없다. 반면 계속해서 달린 사람은 주류인 자본주의라는 국제 질서 속으로 편입될 수 있다.

개인적으로 알랭 투렌의 피라미드와 마라톤을 사용한 비유법을 좋아한다. 아울러 이 두 가지는 랜드 마크의 역사적인 변천을 묘사하고 분석할 때에도 매우 적합하다고 생각한다. 그리고 아주 조금 사심을 보태, 마라톤 뒤에 프랑스 시인 샤를 보들레르의 펜 아래서 탄생한 산책도 나란히 두고 싶다.

샤를 보들레르는 19세기에 빠른 근대화와 도시화가 이뤄지자 "도시의 모습이 사람의 마음보다 훨씬 빠르게 변한다"라고 한탄했다. 그리고 이와 대조적으로 상상력으로 가득 찬 고독한 사람이라는 의미를 지닌 산책자Flaneur를 생각해 냈다. 이러한 생각을 한 샤를 보들레르는 어쩌면 낙오해 주류로 들어서지 못하고 자신만의 독특한 행보를 보였을지도 모른다. 그런데 나는 그의 이런 행동을 다음과 같이 생각해 봤다.

'제대로 느긋이 산책하는 자와 열정적인 관찰자가 되고 싶다면, 반드시 군중 속으로 들어갔어야만 했다. 그래야 그 안에서 무한한 즐거움과 행복을 느꼈을 것이다.'

피라미드, 마라톤, 산책이라는 세 가지 비유적인 요소를 역사의 맥락에 넣어 생각해 보자. 피라미드라는 랜드 마크는 몰락한 귀족에게 남은 영광을 의미한다. 마라톤이라는 랜드 마크는 상업적인 것을 내세우는 주류 가치를 대표한다. 산책이라는 랜드 마크는 비주류지만 다른 대안이 될 수 있는 미래가 담긴 것이다. 이 세 가지를 하나의 틀에 놓고 생각한다면, 마음속에서 바로 떠오르는 타이베이의 랜드 마크를 분석하는 데 도움이 될 것이다.

원산대반점 : 피라미드식 랜드 마크

피라미드는 이집트 파라오의 무덤이다. 그리고 피라미드급의 랜드 마크를 타이베이에서 찾아본다면, 원산대반점圓山大飯店밖에 없을 것이다. 이미 타이베이 사람들의 기억에서 흐릿해지고 있는 원산대반점은 타이완 장蔣 씨 왕족 ─타이완에서 종신 총통을 지낸 장제스 총통과 그의 일가를 가리킨다─ 의 흥망성쇠를 보여 주는 산물이라고 해도 과언이 아닐 것이다.

고속도로 너머로 보이는 완산대반점

일본에서 제4대 타이완 총독으로 임명된
고다마 겐타로의 주도로 지어진 타이완 신사 그림

이 호텔이 들어선 위치는 원래 일제강점기에 일본인이 세운 신사, 즉 타이완 신궁이 있던 자리다. 타이완 신궁의 전신은 타이완 신사다. 타이완 신사는 1901년에 세워졌으며, 이곳에서는 주로 기타시라카와노미야 요시히사 친왕의 제사를 지냈다. 기타시라카와노미야 요시히사 친왕은 타이완을 공략하는 전쟁 중에 타이난台南 지역에서 병사했으며, 훗날 일본에서 신격화된 인물이다. 타이완 신사는 일본에서 제4대 타이완 총독으로 임명된 고다마 겐타로의 주도로 지어졌으며, 당시 그가 선정한 장소는 바로 졘탄劍潭 산에 위치해 있었다. 북쪽은 솟아 있고 남쪽으로는 트여 있어 타이베이 분지를 한눈에 바라볼 수 있으며, 풍수적으로 극상의 지역으로, 제왕의 기운을 지닌 곳이었다.

제2차 세계대전에서 일본이 패전한 후, 국민당 정부는 전쟁 때 불타 훼손된 타이완 신궁을 없애고 그 자리에 타이완 대반점臺灣大飯店이라는 호텔을 지었다. 식민지 표식을 지우기 위해서였다. 1952년부터는 영원한 퍼스트레이디 장제스 총통의 아내 쑹메이링에 의해 설립된 타이완 성 돈목련의회敦睦聯誼會라는 친목회가 인계받아 경영하기 시작했다. 이때부터 주로 원산대반점으로 불렸으며, 장제스 총통 일가가 외빈을 맞이하는 용도로 사용했다. 원산대반점은 초기에는 우선 아쉬운 대로 이것저것을 지어 놓은 상태여서 규모가 그다지 크지 않았다. 1963년이 되어서야 호텔의 기초 시설 공사가 완비되었으며, 1968년에 비로소 미국의《포춘》으로부터 세계 10대 호텔 중 하나로 선정되었다.

1973년에는 쑹메이링이 발탁한 건축가 양줘청楊卓成에 의해 새로운 원산대반점이 탄생했다. 양줘청은 철근콘크리트를 활용해 중국 북방식 궁전의 특색을 잘 표현하는 건축가로, 쑹메이링은 그의 이런 점을 높이 샀다. 양줘청은 아홉 개의 용마루로 이뤄진 헐산정歇山頂 양식의, 노란색 지붕과 붉은색 기둥으로 된 14층의 중국 궁전식 고층 건물을 지었다. 이로써 원산대반점은 그야말로 유일무이한 타이베이의 랜드 마크로 급부상했다.

순수하게 건축 미학의 관점에서 살펴보면, 원산대반점은 사실은 잘된 점과 잘못된 점이 반반이라 할 수 있다. 먼저 지나치게 패기 넘치게 우뚝 솟아 있다. 그래서 타이베이의 스카이라인을 완전히 바꿔 놓았다. 또한 현재의 메인 건축물 후방에 있는 구원산대반점이 처음에 추구했던 의도를 완전히 파괴했다. 구원산대반점은 타이오나 신궁 자리에 재건축한 건물과 어느 정도 새로운 호텔 건축양식으로 만든 키 작은 건물들로 이뤄져 있다. 그리고 이 건물들을 산세를 따라 굽이굽이 늘어서도록 해 놓았다. 그런데 현재의 원산대반점에서는 이와 같은 의도를 찾아볼 수 없다.

현재 타이완에서는 장제스 총통 일가의 영향력이 완전히 사라졌다. 하지만 용 조각이 너무 많아 과거에 우스갯소리로 용궁으로 불렸고, 국가 원수의 비밀 탈출 통로까지 만들어 둔 원산대반점은 지금도 영업 중이다. 더군다나 현재도 요충지, 즉 타오위안 국제공항 —2006년 이전에는 장제스의 호를 따라 중정 국제공항으로 불렸다— 을 나와 고속도로를 타고 타이베이로 들어서는 입구를 차지하고 있으며, 궁전이라고 불렸던 랜드 마크인 만큼 그에 걸맞은 위풍당당한 위용도 여전히 유지하고 있다. 하지만 나를 포함한 현대를 사는 타이베이 사람들에게 원산대반점은 화려함의 극치를 보여 주는 표본이며, 타이베이의 과거를 의미한다.

테이베이 101: 마라톤식 랜드 마크

타이베이 101은 동타이베이 신의信義 구에 있는 마천루로, 높이가 무려 509미터에 달한다. 지상 101층, 지하 5층으로 이뤄져 있으며, 소장파 건축가 리쭈위안李祖原이 설계했다. 1999년에 착공을 시작했고 2004년 완공되었다. 처음에는 타이베이 국제금융센터라고 불렀다가 2003년에 이름을 바꿔 현재 이름이되었다. 타이베이 101은 완공 후부터 2010년 중동의 두바이 부르즈 할리파가 개장하기 전까지, 약 9년 동안 세계에서 가장 높은 건물이라는 명예를 유지했다. 현재는 세계에서 네 번째로 높은 건물이며, 아울러 전 세계에서 가장 높은 그린 빌딩, 환태평양 조산대에서 가장 높은 건축물 그리고 타이완과 동아시아, 환태평양 지역에서 가장 높은 건축물이라는 타이틀을 보유하고 있다.

내가 타이베이 101을 마라톤식 랜드 마크라고 생각하는 이유를 말하기 위해서는, 우선 신의 구가 어떻게 구획되었는지부터 설명해야 한다. 전쟁 후 수입 대체 국면을 유지했던 타이완 경제는 1980년대에 들어 성공적으로 수출 확대 국면으로 전환되었다. 경기 국면이 호전되자, '타이완의 돈이 복사뼈까지 찬다台灣錢淹脚目, 타이완에 있는 돈을 전부 동전으로 바꿔 바닥에 깔면 발목을 덮을 정도가 되었다는 뜻이다'라는 과장된 비유와 발전 신화가 유행하기도 했다. 기존의 서타이베이 도심만으로는 경제적인 수요를 따라잡지 못하게 되자 동쪽에 있는 신의 구를 도시로 편입시키고 새롭게 단장하는 작업이 추진되었다. 그러자 전후 국민당 정부를 따라 들어와 신의 구에 진주해 있던 군수공장 및 유명한 쓰쓰난춘四四南村, 쓰쓰시춘四四西村—모두 44병기공장을 중심으로 형성된 동네로 서쪽을 쓰쓰난춘, 남쪽을 쓰쓰시춘이라고 부르는데서 연유했다. 이 중 쓰쓰난춘은 오래된 건물에 작은 상점들이 모여 있는 곳으로 유명하다—이 헐렸다. 그야말로 일사천리로 자본주의의 고전적인 운영 논리, 즉 창조적인 파괴에 따라 이 신의 구라는 지역의 풍경이 철저하게 바뀌었다. 변화 중에서도 가장 상징적인 의미를 갖게 된 것은, 바로 옛 바벨탑의 '하늘에 도전한다'는 정신으로 무장한 타이베이 101이다.

타이베이 101 빌딩은 불가의 보탑처럼 마디가 위로 갈수록 작아지는 형태이며, 하늘을 찌를 듯이 곧게 뻗어 있다. 동그란 틀에 네모난 구멍이 뚫린 형태로 장식되어 있는데, 이는 통보 동전을 상징한다. 아울러 유리 외벽에 반사된 태양의 반짝임, 냉랭함, 효율적인 질감, 이 모든 요소가 거리낌 없이 금전 지상주의와 이윤 편향적인 가치관을 강조하고 있다. 게다가 자본주의의 운영은 절대 멈춰서는 안 되는 마라톤처럼 잔혹하고 무정한 것임을 드러내 보이고 있다. 이처럼 적나라하면서도 직접적인 표현 방식을 건축 미학적인 관점에서 살펴본다면, 어느 부분과 관련해서는 진실함이 반영된 것이겠지만, 그래서 오히려 걱정스럽다.

옛 바벨탑의 '하늘에 도전한다'는 정신으로 무장한 타이베이 101 빌딩

칭캉룽: 여유로운 산책을 위한 랜드 마크

　　랜드 마크의 강한 이미지어빌러티Imageability의 특징은 종종 외재성을 통해 실현될 수 있다. 하지만 다행히도 상당수의 학자는 내재성을 통해서도 생겨날 수 있다고 봤다. 따라서 타이베이에서 랜드 마크가 될 수 있는 것에는 101빌딩이나 신의 구 신도심뿐만 아니라, 지속적으로 방문할 가치가 있는 수많은 거리, 골목, 유명한 야시장도 있다. 그중에서도 칭캉룽青康龍이라고 부르는 곳은 내재성을 통해 생겨난 가장 대표적인 랜드 마크다.

　　칭캉룽은 칭톈青田 거리, 용캉永康 거리, 룽촨龍泉 거리의 첫 글자를 합쳐 놓은 단어다. 그리고 남타이베이의 용캉 거리부터 타이완 사범대학교 상권 앞쪽으로 늘어선 그리고 아직 개발이 덜 된 구시가지까지 이어져 있다. 칭캉룽에서는 전후에도 완벽하게 보존된 일본식 주택, 녹음이 우거진 나무, 고아한 운치가 있는 작은 가게, 전통 식당뿐만 아니라 타이베이 사람들의 문화 유전자에 깊숙이 박혀 있는 순박하고 꾸밈없는 모습까지 볼 수 있다.

　　이와 같은 모습은 타이완 작가 한량루의 글에도 잘 나와 있다. 그녀가 타지 친구들을 데리고 용캉 거리에 갔을 때였다. 그녀는 그곳에서 건물 3층에 위치한 치우후이秋惠 문고로 들어갔다. 그녀가 방문한 치우후이 문고에는 사람들의 집단 기억을 반영하고 있는 1,000여 점의 타이완 문물이 진열되어 있었다. 타이완 원주민, 네덜란드, 명나라, 청나라, 일제강점기뿐만 아니라 더 나아가 국민당 정부가 타이완으로 온 후부터 각 시대에 이르는 사람들까지 포함해서 말이다. 그런데 타이완 사람들의 삶의 기억을 간직하고 있는 작은 박물관은 사실 커피숍이었다. 그래서 그녀의 친구 중 한 명이 아름다운 도자기 잔에 생크림을

(상) 용캉 거리의 풍경
(중) 1,000여 점의 타이완 문물이 전시되어 있는 치우후이 문고 내 커피숍
(하) 채식 식당 '후이리우'. 타이베이의 따스한 인정을 우아하게 보여 주는 식당이다.

소복하게 올린 비엔나커피의 가격을 물었고, 120타이완 달러라는 답변에 그녀의 일행은 모두 놀라움을 금치 못했다. 그러자 그녀의 또 다른 홍콩인 친구가 어처구니없어 하며 다음과 같이 말했다.

"타이완 사람들은 정말 바보같이 장사를 하는군요. 홍콩 사람들 중에는 이렇게 장사를 하는 사람이 없을걸요!"

그런데 이와 똑같은 평가가 그들이 방문한 칭캉룽 거리의 찻집인 예탕治堂, 채식 식당인 후이리우回留, 칠현금을 홍보하는 덩셴친관等閑琴館, 심지어는 생활의 여유를 판매하는 조용하고 작은 가게들에서도 이어졌다. 이 지역의 가게들은 원대한 계획이나 거액의 투자를 원하지 않았다. 사업을 크게 벌일 필요는 없었지만, 그렇다고 잠깐 하고 말 성질의 장사도 아니었다. 그들의 이 작은 생업은 타이베이의 따스한 인정을 우아하게 보여 주고, 작지만 확실한 행복에 대한 안분지족이었다. 자본주의라는 마라톤에서는 낙오자나 마찬가지였지만, 그래도 기꺼이 마다 않고 하는 일이었다.

이처럼 희귀한 그리고 한량루가 생업을 문화화라고 표현한 칭캉룽 지역 사람들의 고지식함은 확실히 타이베이 지도에 표시되어도 좋을 것이다. 감성의 랜드 마크가 되어 소중하게 여겨지고 사랑받아도 좋을 것이다. 그래서 영국 작가 오스카 와일드는 다음과 같이 비판하고 평론했나 보다.

"유토피아를 담고 있지 않은 세계 지도는 슬쩍 쳐다볼 필요도 없다."

피라미드를 과거, 마라톤을 현재라고 한다면, 산책은 미래가 될 수 있을까? 아니면 단순히 현실과 괴리된 망상으로 남을까? 독일 철학가 발터 벤야민은 여유롭게 산책하는 사람은 현대 도시 생활을 관찰하는 동시에 현대 도시 생활에 저항한다고 했다. 갈수록 상품화, 효율, 속도를 강조하는 도시 공간 운영 논리에 항거하기 위해 발터 벤야민은 여유라는 개념을 내놓았다. 그는 시간을 소모하고, 심지어는 초월함으로써 도시의 결 안에 침전되어 있고 누적된 역사를 느꼈다. 그 덕분에 그는 구체적인 공간, 상상의 공간, 과거·현재·미래의 공간, 2차원·3차원의 공간, 더 나아가 훨씬 광의의 공간 안에서 거닐 수 있었다. 아울러 자유롭게 주유하는 뱃사공이 되었다.

타이베이는 고전적인 랜드 마크부터 자유롭게 오갈 수 있는 새롭게 정의된 최신 랜드 마크까지 모두 지닌 도시다. 그러므로 다른 도시들처럼 나아갈 수 있는 무한한 가능성과 희망이 항상 가득 넘쳐흐를 것이다.

싱가포르의 랜드마크 '마리나베이'

34 COLOR OF CITY
도시의 친근하고 정겨운 색채

도시는 색채로 가득 차 있어야 한다. 화려해야 하며, 자연스러움과는 거리 먼 인공적인 색채로 가득 차 있어야 한다. 이러한 색채는 도시에서 사람들의 이목을 잡아끄는 특징 중 하나가 되어야 한다. 아울러 '도시 풍경'에서 가장 중요한 부분이 되어야 한다. 쿠바계 소설가 이탈로 칼비노가 자신의 유명한 문학 작품『보이지 않는 도시들』에서 마르코 폴로의 입을 빌려 몽환적으로 묘사한 도시 안의 각종 색채처럼 말이다.

(중략) 모리아나 성이 당신의 눈앞에 나타납니다. 알라바스터로 만든 성문은 햇빛을

받아 수정처럼 맑고 투명하게 빛나고 있답니다. 사문석을 상감해 넣은 벽채는 산호 기둥이 지탱하고 있습니다. 수족관처럼 모두 유리로 된 저택에서는 은색 비늘 옷을 입고 춤추는 여성들의 그림자가 메두사의 머리카락처럼 여러 갈래로 늘어진 스탠드 불 아래에서 왔다 갔다 한답니다. 설령 이번이 첫 여행이 아닐지라도, 이와 같은 도시에서는 완전히 상반된 면이 있음을 알 것입니다. (중략) 사방에 흩어져 있는 부식투성이인 금속판, 거친 삼베 옷, 못이 수없이 튀어나온 널빤지, 시커멓게 그을린 연통, 함석 깡통 더미, 얼룩덜룩하게 낙서로 뒤덮인 담벼락, 형체만 남은 등나무 의자 그리고 썩은 들보에 목을 매고 자살할 때나 쓸 법한 낡은 밧줄로 가득한 도시도 볼 수 있습니다.

　쿠빌라이 칸이 통치한 세계에서 도시는 풍부한 색채를 지니고 있었으며, 그 덕분에 여행객의 눈은 지루할 틈이 없었다. 반면 우리 시대의 도시는 너무나 빠르게 색을 잃어버렸다. 아마도 자본주의가 승리를 거둔 신세계에서 속도와 효율, 수익률을 중시하도록 강조해서일 수도 있다. 이에 사람들이 도시 속에서 색채를 감상하거나 새로운 색채를 만들어 낼 줄도 모르고 그럴 생각조차 갖지 않게 된 것이다. 이러한 이유 때문에 사람들의 취락지가 단조로운 콘크리트 산림으로 변한 것이다. 간혹 도시의 풍경을 비추기 위해 커튼월로 된 고층 건물이 곳곳에 들어서기는 했다. 외부 겉면이 넓고 매끈한 커튼월은 자신의 존재감을 드러내려면 다른 것의 특색에 기댈 수밖에 없다. 바꿔 말하자면, 커튼월은 고유의 특성 때문에 도리어 자신과 똑같이 생긴 그리고 국제적인 스타일로 불리는 다른 커튼월 건물을 비추는 처지로 전락하고 말았다. 그 결과 주택 밀집지의 건축물은 어둡고 음침하게 변했고, 비즈니스 지구의 건물들은 눈이 부시도록 번쩍이기만 해, 도시에서 색채는 갈수록 사라지고 있다.

　사람들이 입고 있는 의상조차도 색상이 단조로워진 것 같다. 몇 십 년 전부

(상) 프랑스 파리에서 소시지, 소금에 절인 육류, 치즈를 파는 작은 점포들
(좌) 프랑스 니스에서 만난 아름다운 향신료 노점. 익숙한 향기와 낯선 향기가 공존한다.
(중) 프랑스 아비뇽에서 본 회전목마
(우) 프랑스 파리의 빵가게

터인 것 같다. 그때부터 전 세계 주요 도시에서는 짙고 어두운 색상 계열의 의상이 유행했다. 특히 검정색과 회색이 유행하기 시작했다. 어두운 색상에 담긴 의미가 냉혹함, 냉담함, 품위여서 모던한 느낌을 준 탓일 수도 있다. 하지만 의상의 색상 때문에 전체 도시의 분위기마저 바뀌고 말았다. 특히 파리에서 겨울이 오면 거의 모든 사람이 질감과 디자인만 다를 뿐 온통 검정색 옷을 입고 있다. 너무 현대화되고 모던해서 질식할 것만 같다.

물론 이 세상에서 아직 비주류인 도시는 여전히 밝고 아름다운 색채와 함께 유쾌한 삶을 이어 가고 있다. 특히 햇살이 충분히 내리쬐는 도시들이 그렇다. 서아프리카 세네갈의 아프리카의 작은 파리로 불리는 다카르, 중미 대륙에 위치한 국가이며 스페인 스타일과 인디언 전통이 결합되어 있는 과테말라의 수도 과테말라시티, 남미의 열정을 대표하는 도시인 브라질의 리우데자네이루 등 기회가 있다면, 꼭 방문해 보길 바라는 지역들이다.

앞서 언급한 도시에 언젠가 가 볼 생각이 생겼다면, 이젠 자신에게 익숙한 도시에도 희망을 걸어 보면 좋겠다. 어떻게 마음먹는가에 따라 생활하면서 또는 여행하면서 친근하고 정겹게 다가오는 색채를 발견할 수 있기 때문이다.

한 예로 파리의 전통 시장을 돌아다니다 보면 소시지, 소금에 절인 육류, 치즈를 파는 작은 점포들을 볼 수 있다. 이 점포들이 발산하고 있는 따스한 검붉은 색채는 보고만 있어도 절로 배가 부르고 풍족해진다. 프랑스 해변 도시 니스의 전통 장에도 가 보길 바란다. 이곳에서는 여러분이 상상할 수 있는 각종 색상으로 가득 들어 찬 멋진 향신료 좌판을 발견할 수 있다. 익숙한 향기와 완전히 낯선 향기도 여러분과 함께해 줄 것이다. 이 밖에도 도시의 한 귀퉁이에 놓여 있는 회전목마, 옛 모습을 간직한 작은 노점도 빼놓지 말자. 그것들이 드러내고 있는 색채에서도 경이로움과 즐거움을 동시에 만끽할 수 있을 것이다.

물론 생활 속에서 함께할 색채라면 더 고심해 보는 것이 좋다. 고심해서 선택한 자연스러운 색상에서 나오는 아름다움은 오히려 기념일을 맞은 듯한 기분을 선사해 주기 때문이다. 미국 샌프란시스코의 롬바드가나 타이완 가오슝 지역의 스테인드글라스로 장식된 지하철 정거장처럼 말이다. 그리고 1993년 6월 21일 하짓날, 일본계 디자이너 다카다 겐조가 파리에서 가장 오래된 돌다리인 퐁 뇌프를 각양각색의 장미와 해당화로 휘황찬란하게 장식한 것처럼 말이다.

이 행사는 색채가 우리에게 익숙한 사물을, 더 나아가 우리의 기분을 어떻게 바꿀 수 있는지 이해하는 계기를 마련해 줬다. 비록 다카다 겐조가 색채를 선사한 시간은 겨우 하루뿐이었지만, 파리 시민들과 관광객들의 영혼에 각인된 시간은 어쩌면 마르코 폴로가 모리아나 성에서 본 다채로운 색채의 기억과 비교해 짧지는 않을 것이다!

개인적으로 가장 아름다운 색채를 지닌 도시는 부라노 섬이었다. 부라노 섬은 베네치아 본섬을 기준으로 북쪽에 위치해 있고 수상 버스로 45분가량 이동해야 한다. 원래는 레이스로 유명한 작은 마을이지만, 건물들이 화려한 색상으로 덮여 있어 참으로 인상 깊었다. 마을 주민 모두 이웃과 겹치지 않는 색상으로 집 외벽을 꾸며 놓았다. 색을 내기 위해 건물 외벽에 바르는 것은 회백의 백악토白堊土로 만든 모르타르다. 여기에 붉은색의 벽돌 가루를 섞으면 붉은 벽돌색이 되며, 자연에서 채취한 돌가루를 섞으면 황색이나 분홍색이 된다. 산화된 금속 가루를 넣으면 녹색이나 남색으로 변한다.

(상) 샌프란시스코의 롬바드가. 자연과의 조화로움이 돋보인다.
(하) 타이완 가오슝의 지하철 정거장. 스테인글라스로 장식되어 있다.

이탈리아 베네치아의 부라노 섬에 있는 화려한 색상의 집, '카사 베피'

부라노 섬의 건물들은 대동소이한 외관의 배열이지만, 색채의 덩어리가 모여 있는 덕분에 각종 색상을 이어 놓은 한 폭의 조각보처럼 보인다. 그리고 운하 위에 비친 색색의 건물 외벽과 흐르는 물살이 만들어 낸 화면은 마치 한 폭의 서정적인 추상화 같다. 만약 부라노 섬에서 더 많은 걸 보고 싶다면, 발다사레 갈루피 거리 339호를 찾아가면 된다. 이곳에서는 카사 베피라고 불리는 독특하게 채색된 집을 볼 수 있다. 다른 집들은 하나의 색상으로 되어 있지만, 카사 베피는 거의 모든 색상을 조금씩 사용해 집 문 앞을 현란하게 장식했다. 마치 꿈속에서 만화경에 들어가 맴돌고 있는 것 같은 기분이 들 정도다.

　　여행이란, 어떤 의미에서 보면, 익숙하거나 익숙하지 않은 인생의 색채들을 찾아가는 것은 아닐까란 생각을 해 본다.

이탈리아 베네치아의 부라노 섬에서 볼 수 있는 알록달록 채색된 건물들

35 STREET PERFORMANCE
도시 속 거리의 예술인

　우리는 도시를 관찰할 때 습관적으로 도로, 건축물, 공공시설물 등 인조물에만 시선이 쏠려 있다. 그래서인지 그 안에 있는 사람들의 모습은 종종 지나치곤 한다. 그런데 사실 도시는 애당초 생명이 없는 사물이다. 따라서 도시에 생기가 돌려면 우선 그 안에 기거하는 사람이 있어야 한다. 아울러 사회의 규칙에 따라 조직되고 운영되면서 형성된 일상적인 생산 활동도 있어야 한다. 앞서 언급한 생기란 것은 끊임없이 한데 모이고 피어나고 발전해야 활발하게 빛을 발할 수 있으며, 활력을 발산해야 비로소 사람들의 마음을 움직일 수 있다. 그러므로 사람이야말로 도시의 핵심 요소다. 즉, 사람이 도시에게 생명을 부여했으므로 도시도 사람처럼 무언가를 생산하고 살아갈 수 있는 것이다.

영국의 사회학자 리처드 세넷의 경우, 자신의 유명한 저서『살과 돌 : 서구 문명에서 육체와 도시 Flesh and Stone: The Body and the City in Western Civilization』에서 인체 활동과 도시 발전 간의 상호 유사성을 비교했다. 그리고 인류 문명 중 고대 그리스 이후부터 등장한 도시의 특징을 인체 이미지 세 가지로 농축해 놓았다. 첫 번째 유형은 귀와 눈의 역량이다. 우선 리처드 세넷은 구체적인 사회생활을 사례로 들었다. 고대 그리스와 로마 시대의 사람들이 어떻게 단순히 청력과 시력만을 가지고 직관적으로 도시 활동에 참여했으며, 더 나아가 도시의 스타일을 만들었는지 보여 주기 위해서였다. 또한 그는 반대의 경우, 즉 도시의 형태가 사람들의 신체적인 행위를 규범하고 이끌어 갈 수도 있음을 보여 줬다. 이러한 신체적인 행위는 고대 그리스와 로마의 의식과 사회 풍조를 반사적으로 보여 주고 있으며, 도시 국가 시민들의 문화적인 특징을 드러내고 있다.

도시의 특징 중 두 번째 유형은 심장의 운동이다. 리처드 서넷은 이 유형을 통해 중세와 르네상스 시대의 도시 이념 그리고 인류는 만물의 척도라는 가치관을 비유적으로 설명하고 있다. 그는 심장이 수축과 이완 운동을 하듯 중세와 르네상스 시대의 도시도 비슷한 변화를 겪었다고 했다. 즉 도시는 외적인 확장과 내적인 수축, 복사編射와 응집, 상상과 제한처럼 이원적인 대립과 모순 사이에서 쟁탈과 타협을 거쳐 새로운 공간 구조를 탄생시켰던 것이다.

마지막 세 번째 유형은 동맥과 정맥으로 이는 근대도시의 특징이다. 리처드 서넷은 근대 의학이 인간의 신체에서 혈액순환 체계를 발견한 것처럼, 도시의 발전 이념에 지극히 거대한 변화가 일어났다고 봤다. 사통팔달하도록 그리고 유동량을 소화하도록 겹겹이 포개어 쌓아 올린 차도, 평면차도, 고가 차도, 지하철로 등등이 마치 인체의 정맥과 동맥과 같다고 봤다. 그는 이와 같은 순환

시스템을 근대도시를 설계하는 핵심적인 철학으로 봤다. 신속한 이동이야말로 도시의 최고 가치이고, 잠시 멈추는 것은 곧 막힘으로, 막힘은 낭비와 비효율, 심지어는 위험을 의미한다고 봤다. 그는 이와 같은 도시 설계는 효율을 최고치까지 끌어올렸지만 동시에 도시 속으로 인체가 참여하는 것을 배척하고, 사람들이 공공 공간에 머물지 못하도록 최대한 저지하고 있다고 지적했다. 대부분의 사람이 아웃사이더로 전락할 수밖에 없는 이유도 여기에 있다. 아웃사이더와 관련해 타이완 작가 차이스핑蔡詩萍은 다음과 같이 말했다.

서울 경복궁 앞에서 전통 의상의 근위병들이 교대식을 하는 모습

나는 도시에서 오로지 두 종류의 사람만 봤다. 한 종류의 사람들은 도시 중심에 서서 도시의 맥박과 함께 뛰고 있었다. 그들은 바로 도시에 속한 종족이었다. 그들은 도시로부터 아주 멀리까지 떨어져 있어도 되었다. 어찌 되었든 그들이 도시를 지배하는 데 방해받는 건 아니니 말이다. 다른 종류의 사람들은 이들과는 완전히 달랐다. 그들은 어쩌면 도시와 가까이 있는데도 오히려 철저하게 아웃사이더처럼 밤낮으로 복잡하게 골목으로 얽힌 도시를 유랑했다. 그들은 도시에 속해 있지 않은 데도 오히려 도시의 지배를 받도록 정해져 있었다.

마치 『사기』 「화식열전」에 나오는 '천하가 화목한 것은 모두 이익을 따라왔기 때문이며, 천하가 혼란하면 모두 이익을 따라 떠났기 때문이다 天下熙熙, 皆爲利來; 天下攘攘, 皆爲利往'라는 명구를 현대적으로 재해석한 주석 같다.

다행히 현대 도시에는, 가끔씩 마주치기는 해도, 뜻깊은 가치를 지닌 제3의 사람이 남아 있다. 바로 거리의 예술인이다. 이들은 더 아웃사이더 같은 방식으로 행인들이 발걸음을 멈추도록 만든다. 그러고는 행인들에게 자신들의 공연을 감상할 기회를 제공하고, 즐거움과 기쁨을 맛보게 함으로써 도시에 색다른 활력을 불어넣는다.

거리 예술은 영어로는 스트리트 퍼포먼스Street performance 또는 버스킹Busking이라고 하며, 프랑스어로는 아르 드 라 뤼Arts de la rue, 일본에서는 다이도우게이だいどうげい라고 말한다. 단어만 봐도 도시 거리에서 일어나는 일이며, 즉흥적인 성격을 띠고 금전적인 격려를 받는 예술 형태임을 알 수 있다. 하지만 상당히 자주 무료 공연이 이뤄지는 예술 형태이기도 하다. 거리 예술의 역사는 적어도 고대 로마 시대까지 거슬러 올라갈 수 있다. 여러 도시를 유랑하는 집시 이야기꾼,

(상) 프랑스 아비뇽의 거리 화가
(중) 싱가포르의 유니버설 스튜디오 거리에서 본 춤과 노래로 이루어진 공연
(하) 아프리카 부르키나파소 와가두구 거리에서 수공예품을 판매하는 소상인.
길거리 점포이지만 이것 역시 일종의 퍼포먼스다.

가수, 무용수, 서커스 연기자, 마술사, 점쟁이가 거리 예술가였다.

　이들의 공연은 두 가지 기능을 발휘했다. 첫째, 하루하루가 똑같고 진부한 도시민에게 색다른 오락거리를 제공함으로써 관객들의 눈과 귀를 사로잡고 즐겁게 해 줬다. 둘째, 마치 창문을 열어 환기한 것처럼, 색다른 정보와 분위기로 도시민에게 새로운 상상력을 발휘할 수 있도록 해 줬다. 이는 잔뜩 침체되어 있던 도시의 심장에 강심제를 놓은 것과 같은 효과를 발휘했으며, 이로써 도시의 심장은 다시금 힘차게 뛰기 시작했다.

　영어식 표현인 버스킹Busking은 고대 로마의 라틴문자 부스카Buscar, 구하다가 발전 및 변형된 것이다. 부스카라는 단어와 예술 형태는 지중해 연안과 대서양 항구에서 시작해 전체 유럽으로 흘러 들어갔다. 귀와 눈의 역량, 심장의 운동, 동맥과 정맥이라는 세 가지 형태로, 세 시기에 걸쳐 도시를 관통했다. 그렇게 오로지 효율과 속도만을 추구하는 오늘날에도 굳건히 전통을 지키며 완강히 살아남았다.

　그 덕분에 파리, 런던, 빈, 피렌체, 프라하, 부다페스트에서는 다양하고 흥이 넘치는 거리의 예술 공연이 펼쳐지고 있다. 또한 이들 공연은 거리의 건축물과 공공시설물 등 인공 구조물이 빚어낸 결 및 구조와 주거니 받거니 하며 정담을 나누고 있다. 마치 우리에게 면면히 이어져 내려온 서양의 도시 발전사를 음미해 보고, 더 나아가 그 안에서 즐겨 보라고 권유하듯이 말이다.

(좌) 아프리카 부르키나파소 와가두구 거리에서 수공예품을 판매하는 소상인. 길거리 점포이지만 이것 역시 일종의 퍼포먼스다.
(중) 오스트리아 잘츠부르크에서 본 거리 공연
(우) 헝가리 부다페스트에서 본 아코디언 연주자의 거리 공연

헝가리 부다페스트 거리에서 버스킹 중인 연주자들

36 INVISIBLE CITIES
우리는 도시에 대해 쓰고, 도시를 읽는다

책상에 앉아 한 달 동안 정리한 서른다섯 편의 도시 관찰기와 자료 사진을 물끄러미 바라봤다. 마치 과거 25년 동안 한 여행을 다시 경험하는 기분이었다. 물론 과거 여행지를 다시 여행한다는 것은 불가능한 일이다. 오로지 기억과 느낌만 남아 있을 뿐이다. 시간은 쉼 없이 계속 흘러가고, 지나간 날이 다시 돌아올 리 만무하다.

문화 이론가인 레이먼드 윌리엄스가 쓴 위대한 저서 『장구한 혁명The Long Revolution』에는 '감정의 구조'라는 이론이 등장한다. 1660년부터 1690년까지 잉글랜드에서 일어난 청교도의 패배와 왕실의 복위를 예시로 들어 각기 다른 세대, 다른 민족, 다른 계급이 지닌 상이한 감정의 구조가 드러나도록 했다. 달리 표현하자면, 감정의 구조는 특정한 역사적 시공에서 개인의 외재적인 경험과 내재적인 해석 그리고 민족 집단의 기억을 거쳐 형성된 생활 방식이자 생명에 대한 인지인 것이다. 예를 들어 도시에서 생활하고 있는 사람들에게는 어떠한 건축양식, 장소, 거리 시설물, 공공 예술 작품, 교통수단, 어떠한 공간에 있는 보잘것없는 배열과 질감까지 모두 감정의 구조를 이루는 중요한 원소라고 할 수 있다.

그런데 감정의 구조는 끊임없이 변화한다. 그래서 프랑스 역사학자 루이 슈발리에는 『파리 모살 L'Assassinat de Paris』의 첫 페이지에서 자기 분을 이기지 못하고 다음과 같이 선언한 것이다.

"도시도 사망할 것이다 les villes aussi peuvent mourir!"

이 말은 이전 시대의 파리가 지녔던 감정의 구조를 되돌릴 수 없음을 표현한 애도사였다. 동시에 감정의 구조가 변한 파리에서 거주하고 생활하는 시민들을 향한 분풀이였다. 루이 슈발리에는 파리 시민들이 시대 교체를 돌이킬 힘도 생각도 없다는 사실에 심지어는 시대의 변화에 무감각하다는 점에 화가 머리끝까지 나 있었던 것이다.

시대가 교체되고 변천할 때, 어떠한 것들은 눈에 보인다. 하지만 교체되고 변천하는 것은 단순한 감정이거나 일종의 서술에 불과하므로 눈으로 볼 수 없고 손으로 만질 수 없는 것이 더 많다. 프랑스 철학자 롤랑 바르트가 한 다음의 말처럼 말이다.

"도시는 서술이다. (중략) 우리는 고작 도시에 거주하고, 그 속에서 느긋하게 걷고 관람하는 것으로 우리가 몸담고 있는 도시를 서술한다."

이처럼 도시는 의의를 지닌 읽을 수 있는 텍스트 같은 것이므로, 우리는 도시에 대해 쓰고, 도시를 읽는다. 이와 같은 행동은 플라톤이 다음과 같은 표현으로 묘사하려던 도시 정신과도 일치한다.

"사람은 보잘것없이 작고, 우주는 너무 크다. 도시는 한 권의 책과 같으며, 책 속의 글자 크기는 우리의 통찰력과 완전히 일치한다."

말과 글로 표현하는 데에는 그 나름의 한계가 있을 수밖에 없다. 물론 중국의 선인들은 말과 글로 표현하는 것에 대해 '말은 형태를 명확히 밝혀 주는 것이오, 형태를 만드는 것은 그 뜻을 다하기 위함이다'라는 이상적인 기대감을 가지고 있기는 했다. 하지만 『장자』「외물」편에 나오는 '말이란 마음속의 뜻을 상대에게 전달하는 수단이므로 뜻을 얻으면 말은 잊어버리고 만다言者所以在意, 得意而忘言'라는 따끔한 충고처럼 때로는 눈으로 볼 수 없는 게 더 중요하다. 이는 이탈로 칼비노가 『보이지 않는 도시들』에서 말하려던 주제일지도 모른다.

사람들은 도시를 건립하고 구축했고 도시에 대해 써 내려갔다. 그런 후 도시를 분해했고 도시에 의문을 제기했다. 그리고 사람들은 이러한 해방의 과정을 통해 재현하고 꿈꾸고 초월했으며, 이로써 자유를 얻었다.

『보이지 않는 도시들』은 개인적으로 좋아하는 책이어서 여러 차례 읽고 또 읽었다. 게다가 이 책을 분석해 놓은 논문 몇 편도 진지하게 읽어 봤다. 그 결과 이탈로 칼비노가 허구와 실제 사이를 오간 이유는 독자에게 여러 각도에서 생각해 보고 각자만의 해석을 내릴 수 있도록 열어 놓은 의도라고 생각했다. 그런데 '그 뜻을 얻으면 말은 잊어버리고 만다'는 장자의 말처럼 내가 내린 결론은 시종일관 상상에만 맡길 수 있을 뿐이고 살아가면서 증명할 방법이 없어 무척

애석할 따름이다. 어찌 되었든 나는 계속 여행할 것이고, 독특하다고 여겨지는 것들을 계속 사진에 담을 것이며, 도시를 찍은 사진들을 감상할 것이다.

하루는 오랜 친구 하나가 내 여행 사진첩을 보더니, 생각지도 못한 정곡을 찌르는 평론을 해 줬다.

"자네 사진에는 사람이 없군. 사람 모습, 인간다움, 인간미가 안 보여. 그래서인지 영혼의 깊이라든가 묵직한 감동 같은 게 결여되어 있어."

친구의 평론에 기분이 약간 상하기는 했지만 그래도 정말 훌륭한 평가였다. 그러나 나는 친구의 충고를 따르지 않았다. 나 역시 내셔널 지오그래픽 기자가 찍은 아프가니스탄 소녀처럼 시간이 지나도 명작으로 남는 사진을 찍고 싶었다. 하지만 나는 여행 중에 마주친 낯선 사람의 눈조차 똑바로 쳐다보지 못할 정도로 심약한 사람이다. 그러니 그들을 사진에 담는 것은 내게는 불가능한 일이었다. 매번 용기를 내어 사진기를 들어 보지만, 포기해 버리기 일쑤다. 내가 줄곧 갈망하던 일을 하려는 순간 어떤 강한 힘에 저지당한 것처럼 말이다. 결국 나는 어쩔 수 없이 쓰레기통, 기둥 형태의 광고탑, 소화전이나 계속 사진에 담았다.

어느 해 여름, 나는 이스라엘 텔아비브로 여행을 갔고 바닷가에 위치한 여관에 묵었다. 내가 기억하는 한 텔아비브는 소화전이 가장 많은 도시 중 하나였다. 심지어 바다와 맞닿아 있는 모래사장에도 몇 걸음마다 하나씩 소화전이 놓여 있었다. 나는 사람이 없을 때 소화전 사진을 찍어 두려고 특별히 새벽에 기상했다. 그렇게 새벽 시간대에 나간 해변에서 나는 서로 어깨를 기댄 채 비틀거리며 걸어가는 두 명의 아름다운 묘령의 여인을 봤다. 일을 마치고 돌아가는 러시아인 거리 매춘부인 듯했다. 먼동이 터 오고 아침 햇살이 비추자 여인들의 호

리호리한 체형, 서로를 의지하며 걷는 모습, 몸에 달라붙은 원피스, 부츠 힐이 짙은 화장 위로 드러난 피곤함과 극명한 대비를 이뤘다. 그리고 그 순간 놀랍도록 강렬한 화면이 만들어졌다.

나는 사진기를 들어 단 한 컷으로 이 화면을 포착하려 했다. 하지만 다시 갑자기 할 수 없다는 마음이 강하게 치고 올라와 결국에는 또 사진기를 내려놓고야 말았다. 그런데 여인들 중 한 사람이 나를 향해 가볍게 손을 흔들어 줬다. 자신들은 괜찮으니 마음껏 사진을 찍으라는 신호였다. 하지만 나는 사진기의 셔터를 누를 수 없었다. 대신 고개를 돌려 해변과 소화전을 사진에 담았다.

적어도 이 일 덕분에 명확해진 게 있었다. 어떤 일들이 내게는 아직도 대수롭지 않을 수 없다는 사실이었다. 대수롭지 않게 넘길 수 없는 것은 사진으로 남아 있지도 않고 볼 수도 없게 된 것이다. 이것이야말로 말로는 표현할 수 없는 나의 도시에 대한 감정 구조였다.

도시의 36가지 표정

초판 1쇄 발행 2018년 5월 2일
초판 2쇄 발행 2018년 6월 26일

지은이 　 양쯔바오
옮긴이 　 이영주
발행인 　 김승호
펴낸곳 　 스노우폭스북스
편집인 　 서진

편집진행 　 이병철, 이현진
마케팅 　 김정현
SNS 　 박솔지

디자인 　 강희연
제작 　 김경호

주소 　 경기도 파주시 문발로 165, 3F
대표번호 　 031-927-9965
팩스 　 070-7589-0721
전자우편 　 edit@sfbooks.co.kr
출판신고 　 2015년 8월 7일 제406-2015-000159

ISBN 979-11-88331-26-0 03610
값 15,800원